MLADÁ FRONTA

Předmluva

Na planetě Zemi žije zhruba šest miliard představitelů jednoho dominantního druhu, a to jsme my, lidé. S námi tu však žije také ještě několik milionů druhů jiných živočichů. Přírodovědcům se z nich podařilo popsat přibližně milion a čtvrt, většinu z nich však zná „od vidění" jen několik málo odborníků. Každý živý tvor se musí množit, aby se jeho rod zachoval. Lidským „srdečním záležitostem", jak je citlivě označujeme, je věnována snad polovina vědění i dějin a možná až 90 procent bulvárního tisku. O námluvách a množení ostatních milionů živočichů se studenti ve škole dovědí pramálo, a to málo pod přívalem ostatních informací zapomenou. Příroda se však právě v tomto směru projevila nejvýrazněji – zvířatům dala do vínku nepřeberné bohatství neobvyklých řešení a originálních patentů, v porovnání s nimiž jsou naše milostné hrátky nudné. Přírodovědci soudí, že je škoda schovávat tak zajímavé poznatky v zaprášených knihovnách vědeckých institucí, vždyť jde o zásadní otázky existence života na zemi. Proto také vznikla poněkud prostořeká knížka Gideona Defoa, která nabízí neobvyklé pohledy do světa rozmnožování zvířat. Doufáme, že vás pobaví i poučí, třebaže ji možná někteří budou považovat za mládeži nepřístupnou.

Jak se zvířata milují

Jak se zvířata milují

GIDEON DEFOE

MLADÁ FRONTA

Jak se zvířata milují

Z anglického originálu How Animals Have Sex,
vydaného v roce 2005 ve Velké Británii vydavatelstvím Heidenfeld & Nicholson,
přeložila Helena Kholová.
Redigovala Olga Doubravová.
Odpovědná redaktorka Zuzana Kupková.
Zlom Radek Nahodil.
Vydala Mladá fronta, a. s. jako svou 6 664. publikaci.
Tisk a vazba Europrint, a. s.

1. vydání, Praha 2007

Knihy Mladé fronty si můžete objednat na adrese:
Mladá fronta, a.s. – divize Knihy
Mezi Vodami 1952/9, 143 00 Praha 4-Modřany
e-mail: prodej@mf.cz
www.mf.cz
www.bookcafe.cz
www.kniha.cz

ISBN: 978-80-204-1578-3

VĚNOVÁNÍ

Samičce nosatce skvrnitého,
která prožívá krušné chvíle
a patrně potřebuje trochu povzbuzení.

OBSAH

Nemohu vám slíbit, že vám tato knížka ozřejmí základní pravdy o vývojové teorii. Sotva ji také využijete k prohloubení studia společenského života (sociobiologie) živočichů a nevrhá ani objevné světlo na lidskou sexualitu. Zvířata jsou v podstatě hloupá. Ovšem lidé jsou hloupí také. Leccos, čemu se v našem světě můžete naučit, vám může připadat také pitomé. A pokud vám není víc než osm let, patrně takovou publikaci o „zvířecím sexu" nebudete smět číst.
Přesto je zde pár dobrých důvodů, proč může být tato knížka pro vás téměř nedocenitelná. Například:

* Ve společnosti. Zejména, chcete-li konverzovat na romantické téma, zkuste to následovně: Při procházce pod hvězdnatou oblohou proneste tuto hlubokomyslnou úvahu: „Nádherná noc. Podívej, tamhle je Velký vůz, totiž správně se to souhvězdí jmenuje Velká medvědice, Ursa major. Tedy medvědi nejsou zvlášť zajímaví, pokud jde o sex, ale víš, že některé hlístice mají kopulační orgány, které se mohou zvětšit až stokrát?" Nepochybujte, že se do vás protějšek vmžiku bláznivě zamiluje.

* Strategie rozmnožování ve zvířecí říši je fantasticky pestrá a může vám poskytnout inspiraci pro množství nežalovatelných urážek, například: „Ty jsi zase sežral všechny sušenky, ty zakrnělý samče rypohlavce dvouhlavého zvracející chám!" A tak.

* Můžete si také představit, jak byste se cítili po návratu z výletu do vesmíru na Zemi o pár milionů let starší, a zjistili, že se dominantním druhem mezitím staly hyeny. Díky této knize byste věděli, že nejlepším pozdravem při styku s nadřízenými by nebylo potřesení rukou, ale penisem.

* Podnětem ke čtení o sexu ve zvířecí říši může být také váš zájem o ochranu životního prostředí. Jenom si nejsem jist, jak získané informace budete moci využít, protože se týkají hlavně zvířat žijících v deštných pralesích, eventuálně v moři.

Ale hlavním důvodem, proč byste si ji měli přečíst, je fakt, že se průměrný člověk o těchto „příšerných" věcech nikde nic nedozví, ačkoliv jsou projevem úžasné strategie přírody a neuvěřitelné přizpůsobivosti. Díky ní totiž živé bytosti dovedou zajistit pokračování svého rodu v podmínkách tak drsných, že se nám o nich ani nesní.

PANDA VELKÁ

VĚDECKÝ NÁZEV... Ailuropoda melanoleuca
ZAŘAZENÍ... Kmen: Chordata, Třída: Mammalia, Řád: Carnivora, Čeleď: Ursidae
ROZMĚRY... 140-150 cm, 90-140 kg
ROZŠÍŘENÍ... střední Čína
POTRAVA... bambus, hmyz

Tvoří-li 99 procent vaší diety bambus, který má poněkud menší výživnou hodnotu než vepřoknedlozelo, patrně vás nepřekvapí, že nebudete mít dost energie k sugestivnímu působení na jiné pandy. Nebudete na to mít ani dost času, i kdyby se některá z nich zajímala o vás, protože strávíte nejméně dvě třetiny života krmením, a to od probuzení do usnutí. Dalším problémem je, že samičky pandy jsou schopné oplození jen po dva nebo tři dny v roce. Každému tedy musí být jasné, proč je s rozmnožováním pand tolik potíží.

Naštěstí má panda jeden mimořádně užitečný, byť bezděčně vzniklý patent. Protože ovládá mohutné čelisti, aby dokázala rozžvýkat spoustu bambusových stvolů, tuhých jako podešev, získala poněkud směšnou hlavu s klamně vlídnou tváří. Díky tomu nám připadá jako roztomilé děťátko a následkem toho jsme schopni udělat všechno možné pro to, aby se rodilo co možná nejvíce malých pandiček. Kdyby pandy vypadaly jako odporní špinaví škvoři, a ne jako pomilováníhodní medvídci na hraní, sotva by někdo pro ně hnul prstem, kdyby se ocitly v nesnázích.

Čínská vláda se přidala k obecné podpoře ochrany pand a získává každoročně miliony dolarů za propůjčení pand do cizích zoologických zahrad. Vybudovala také velké výzkumné a chovné středisko v Čengdu. Představuji si to asi tak, že pandy sedí pod kopečkem a na obří obrazovce sledují vzrušující instruktivní film o páření pand. Není jasné, proč naučné články týkající se pand neuvádějí tento film na prvním místě a místo toho věnují prostor studiím o umělém oplodnění. Politováníhodné je i to, že se spousta pand na fotkách označuje jako „děti ze zkumavky“, což poněkud poškozuje jejich popularitu.

Nedostatky v sexuální výchově naznačuje i snímek Didi a Ximenga, kteří zřejmě nevyužili poučení z filmu natočeného za pomoci převlečených čínských disidentů a chovají se docela obyčejně a nevynalézavě. Ovšem, kdo se o to stará. Mají přece tak rozkošné hlavinky!

BONOBO

VĚDECKÝ NÁZEV... Pan paniscus
ZAŘAZENÍ... Kmen: Chordata, Třida: Mammalia, Řád: Primates, Čeleď: Hominidae
ROZMĚRY... 70-80 cm, 27-61 kg
ROZŠÍŘENÍ... povodí Konga
POTRAVA... ovoce, semena, vzácně hmyz

Po dlouhá léta převládalo mínění, že jen lidé se milují tváří v tvář. Sloužilo jako příklad toho, čím se lišíme od zvířat a oč jsme lepší než jiní členové živočišné říše. A hluboký pohled z očí do očí byl častým argumentem pro zdůraznění hloubky našich citů. Dokonce jsme vysílali misionáře do celého světa, aby mimo jiné poučovali divochy o civilizované sexuální poloze a přiměli je distancovat se od zvířecích vzorů.

Poměrně nedávno se ovšem zjistilo, že tuto polohu nemají v oblibě pouze lidské páry. I starobylé ježury se páří břichem k břichu. Jejich bodlinaté hřbety jim ani nic jiného neumožňují.

Pravý otřes však způsobilo zjištění, že náš nejbližší bratranec, šimpanz bonobo, se chová jako my. Dokonce jako jediný živočich, o kterém to zatím víme, používá při líbání jazyk. A to důkladně.

Není to jenom pro zábavu nebo při rozmnožování: sex hraje důležitou roli při řešení sporů a posiluje společenské vztahy. Jednoduše řečeno, společenstva bonobů jsou proto tak skvělá a mírumilovná, že se každý může kdykoli pomazlit s každým. Možné jsou všechny kombinace. Samičky nosí jiné samice na zádech a třou si navzájem poštěváčky. Samečkové se otírají hřbety o jiné samce. Společně s nadšením předvádějí felaci a onanii kdekoliv. A rozhodně to neodbývají – při páření samec bonoba zřejmě spojuje rychlost s intenzitou, což lze posoudit podle výrazu a hlasových projevů jeho partnerky. Zatímco se jiná zvířata perou o potravu nebo území, bonobové vše řeší sexem.

Představte si svět, kde by se všechny drobné spory řešily takto: „Oh, Jennifer Garnerová, je mi líto, že jsem snědl tvé termity. Poslouchej, nebudeme se na sebe mračit. Co kdybychom...?“

Myslím, že se můžeme u bonobů něčemu naučit. I když, jejich pornoshow před turisty bychom raději měli vynechat. Primatolog Frans de Waal nás ujistil, že výsledky pozorování sexuality bonobů nejsou nijak přehnané. Bonobové v přírodě se nemohou neustále zabývat jenom sexem. V zoologické zahradě se mu však bonobové oddávají každou půldruhou hodinu. Podezírám Franse, že po sledování této podívané usoudil, že to není nic, o čem by bylo třeba psát domů.

SVIJONOŽEC HŘEBENATÝ

VĚDECKÝ NÁZEV... Balanus crenatus
ZAŘAZENÍ... Kmen: Arthropoda, Třída: Crustacea, Řád: Thoracica, Čeleď: Balanidae
ROZMĚRY... do 25mm
ROZŠÍŘENÍ... přílivové pásmo hlubokých moří
POTRAVA... plankton, gamety

Na světě jsou horší možnosti, než být svijonožcem. Přichycen na kýlu pirátské lodi může navštívit exotické kraje, dobývat zlato, potkat španělskou princeznu a podílet se na vzrušujících námořních bitvách. Špatné na tom je jen to, že život drobného korýše v takových podmínkách je mnohem méně oslňující než příběhy filmových hrdinů, dokonce je mnohem horší.
Svijonožci se usazují, jak mohou nejrychleji, na pevném podkladu a přilepují se bílkovinným polymerem, který vylučují a který je schopen udržet pohromadě raketoplán. Tím ovšem vzniká neřešitelný problém – jak si najít partnera k páření? Na výběru mnoho nezáleží, většina svijonožců jsou hermafroditi, hodí se tedy libovolný člen téhož druhu. Ale jak se setkat, když jsou pevně přilepeni a nemohou se hnout? Vyřešili to geniálně a účinně. Každý svijonožec má pyj třicetkrát delší než zbytek těla. Kdyby byl svijonožec velký jako člověk, jeho kopulační orgán by měřil téměř 60 m.
Znázornit se to dá takto:

je to výška šesti patrových autobusů postavených nad sebou
nebo tří a půl dinosaurů druhu Tyrannosaurus rex
nebo kopule katedrály sv. Pavla.

Kdekoliv najdete shluk svijonožců, vězte, že se všichni mohou pářit navzájem a protože je jich tolik, záhy dospějí do situace, kdy už žádný ze členů společenstva nemá o další styky zájem a jejich sperma bez užitku uniká a pokrývá celou kolonii.
Je moc dobře, že žádný svijonožec nedosahuje velikosti člověka a že mu přírodní zákony nic takového nedovolí.

HUSA VELKÁ

VĚDECKÝ NÁZEV... Anser anser
ZAŘAZENÍ... Kmen: Chordata, Třída: Aves, Řád: Anseriformes, Čeleď: Anatidae
ROZMĚRY... 55-100 cm, 3,5-6,5 kg
ROZŠÍŘENÍ... Evropa, Sibiř, Střední Asie
POTRAVA... vodní rostliny

MICHAEL GRADE, BBC
Vážený pane,
dosud jsem nedostal Vaši ctěnou odpověď na svou nabídku námětu na situační komedii „Kamenujte vrány!“, kterou jsem vám zaslal. Pojednává o dvou hlučných vranách žijících nad rozzuřeným medvědem. Předpokládám, že vina spočívá na poště. Přesto budete jistě potěšen, když uslyšíte, že mám další fantasticky skvělý nápad na sitkom o zvířatech.
Nevím, zda při svém zaneprázdnění máte čas sledovat zprávy o populační dynamice hus, ale chci Vás upozornit na mimořádně vysoký výskyt homosexuality u některých ras. V určitých populacích husy velké bylo zjištěno až 14 procent homosexuálních párů. Občas se ke dvojici houserů přidá samice a s oběma se páří. Nakonec tato šťastná trojice společně vychovává svá mláďata. Snad si dovedete představit takovou mimořádnou domácnost a komické situace, které se v ní objevují. Představuji si scénu, kdy husí manželka prohlásí něco jako: „Ráda bych si šla koupit boty a snědla si čokoládu,“ a oba houseří otcové na to: „Dobrá, my to uděláme.“
Vskutku, takové scénky se píší samy!
Ovšem upozorňuji vás, že husy a jmenovitě houseři jsou poněkud nesnášenliví a neochotní herci, kteří posilují vzájemné vztahy důraznou agresivitou vůči cizím, takže doporučuji místo skutečných hus použít loutky nebo populární herce v husím kostýmu.
Očekávám Vaši rychlou odpověď.
Srdečné pozdravy
Gid

PŘÁSTEVNÍK ZDOBENÝ

VĚDECKÝ NÁZEV... Utetheisa ornatrix
ZAŘAZENÍ... Kmen: Arthropoda, Třída: Insecta, Řád: Lepidoptera Čeleď: Arctiidae
ROZMĚRY... 33-46mm
ROZŠÍŘENÍ... východní pobřeží Severní Ameriky
POTRAVA... rostliny

Nebezpečným okamžikem v každém vztahu jsou chvíle, kdy si předáváte dárky. Vymyslíte něco, co podle vašeho mínění posílí citové vztahy, a vtisknete do milované ručky balíček. „Na, otevři to! Bude se ti to líbit! Vidíš? Je to Veselá žabička! Znáš přece tu reklamu. Cink cink! Není to legrační věcička? A taky jsem ti koupil(la) knížku o páření zvířat!“ A pak přijde chmurný okamžik, kdy si plně uvědomíte, jak opravdová je vaše samota.

Dávání dárků je ve zvířecím světě stejně vzrušující a riskantní počínání. Samečkové dravých much kroužilek (Empididae) předávají svým samičkám v hedvábných vláknech zabalené úlovky, za které je samička odmění sexem, pokud jí ovšem obsah balíčku vyhovuje. Někdy je totiž obsah úhledného balíčku neuspokojivý, a tak samička hbitě slupne dárek a není-li sameček dost rychlý, poslouží jako zákusek. Samečkové některých druhů z rodu Hilaria proto rafinovaně vyrábějí hedvábný balíček tak velký a složitě zabalený, že než jej samička rozmotá a zjistí, že je prázdný, sameček si odbude své a ještě má čas na útěk.

Přástevníci z rodu Utetheisa jsou na tom lépe, protože přesně vědí, co si samičky žádají: alkaloid pyrrolizidin. Ten sameček získává z brutnákovitých rostlin a tato látka se dostává i do jeho spermatu. Pravděpodobně si pomyslíte: „ K čertu, to je příliš. K čemu ta můra potřebuje pyrrolizinový alkaloid?“ Člověk je zvědavý, ale v motýlích kruzích je každému situace jasná. Samička tak získává zvláštní prostředek proti pavoukům, kteří jsou úhlavními nepřáteli jejího rodu. Velmi užitečné je i to, že samečci tohoto druhu přástevníků mají vibrující penis, vsadím se, že po takové novince by byla poptávka. Spodní strana zadečku samičky je potom tak potřísněná, že jakmile ji pavouk olízne, zjistí odpornou chuť a začne považovat toto sousto za naprosto nechutné, ba nejedlé. A proto sám samičku osvobodí ze sítě a vyhodí ji ven. Je to ojedinělý příklad ochrany druhu, na němž se aktivně podílí právě sameček. Tím získává na významu, což se jinak samečkům nestává. Potvrzuje to názor klasiků, že příroda je největší právě ve svých nejmenších dítkách.

ŽIRAFA

VĚDECKÝ NÁZEV... Giraffa camelopardalis

ZAŘAZENÍ... Kmen: Chordata, Třída: Mammalia, Řád: Artiodactyla, Čeleď: Giraffidae

ROZMĚRY... 5-5,5m, do 900kg

ROZŠÍŘENÍ... Afrika

POTRAVA... listy a větve

Jakkoli je žirafí sameček majestátní a úctyhodný tvor, příroda mu to pořádně zkomplikovala. Nadělila mu dvakrát tak vysoký krevní tlak, než má každý jiný savec. Je to cena za sice užitečný, ale příliš dlouhý krk a také za vysoko položený mozek, který musí být důkladně zásoben krví. Pochopitelně, že to na žirafí srdce klade neobyčejně vysoké nároky.

Následkem toho se žirafí samci věnují sexu jen tehdy, mají-li jistotu, že se nebudou namáhat zbytečně a že samička určitě zabřezne. Chtějí-li zjistit, zda je ten pravý čas, důrazně šťouchají do partnerky hlavou. To má za následek, že postižená začne močit. I když to vypadá poněkud perverzně, samec dychtivě lapá čerstvou tekutinu a válí ji po patře jako koštér víno. Žirafí nápadník nemá totiž k dispozici laboratoř, a tak musí sám zjistit obsah složitých chemických látek, aby poznal, jestli má samici nakrýt, nebo ne. K analýze hormonů využívá citlivé smyslové orgány na patře. Žirafí paničky si však odborných schopností svého druhu moc necení – velmi často v polovině aktu popojdou k nějakému chutně vypadajícímu stromu a nechají samce, aby balancoval na svých předlouhých nohách v nejistém postoji, jak nejlépe umí. Musíme je však omluvit – od první chvíle se musí dobře krmit, vždyť jsou březí 457 dní, rodí mládě až dva metry vysoké a kojí je 13 měsíců. Není divu, že žirafí manžel je nucen leccos tolerovat.

UŽOVKA PROUŽKOVANÁ

VĚDECKÝ NÁZEV... Thammophis sirtalis
ZAŘAZENÍ... Kmen: Chordata, Třída: Reptilia, Řád: Squamata, Podřád: Serpentes, Čeleď: Colubridae
ROZMĚRY... 60-120 cm
ROZŠÍŘENÍ... Severní Amerika
POTRAVA ... plži, červi, ještěrky, pijavice, myši

Zkuste si představit něco děsivějšího než velké klubko hadů valící se přímo na vás. Snad jenom koule z medvědů nebo hejno žraloků by mohlo být horší. Ale i propletení hadi působí dostatečně hrozivě. V tomto případě však jde o zásnubní shromáždění – často se ho účastní stovky jedinců. Každoročně na jaře se stává, že jedna samička užovky proužkované vyklouzne z podzemního doupěte a vypouští při tom silné feromony – lákavý parfém svého pohlaví. To stačí, aby se všichni samečci v okolí pobláznili a spěchali na povrch za ní. Je div, že ji neumačkají k smrti (naštěstí je mnohem větší než oni). Každý ze samečků odstrkuje ostatní, bojuje s nimi a snaží se zasunout svůj hemipenis do její kloaky. Toto soupeření trvá, dokud se to jednomu nebo dvěma nepodaří.
V tuto chvíli však nastává problém. Zásnuby hadů probíhají hned po probuzení ze zimní strnulosti, z čehož plynou odvěké problémy slabších samečků: Představte si, že chcete jít za děvčaty, ale jste strašně ospalí. Venku je ještě zima, ale je věcí cti, abyste se patřičně probudili. Všichni okolní samečkové užovky proužkované jsou náramně čilí, ale vy byste se raději vrátili zpět a ještě si trochu schrupli v králičím doupěti; vždyť jakou zde máte šanci?
Ospalí samečkové hadů však objevili způsob, jak uspět v soutěži se zdatnějšími – začnou také vytvářet samičí feromony. Vzápětí se takový samec octne uprostřed klubka rozvášněných kolegů, kteří spolu bojují zuby nehty – nebo svými hadími ekvivalenty – a pokoušejí se ho oplodnit.
To má dva kladné výsledky: zaprvé se outsider ocitne uprostřed klubka, takže neztrácí tolik tepla, naopak je třením a tlakem získává, což je pro studenokrevné hady vždycky důležité, a za druhé se soupeři vzájemnými půtkami a usilováním o nemožné tak vyčerpají, že se náš ospalý mládeneček, pěkně zahřátý a odpočinutý, může sám poohlédnout po nějaké samičce, aniž by se musel potýkat s velkou konkurencí. Pusťte proto z hlavy nesmysly typu – ranní ptáče dál doskáče. Ani v přírodě to vždycky neplatí.

HLEMÝŽĎ KROPENATÝ

VĚDECKÝ NÁZEV... Helix aspersus
ZAŘAZENÍ... Kmen: Mollusca, Třída: Gastropoda, Řád: Pulmonata, Čeleď: Helicidae
ROZMĚRY... 2,6-3,3 cm
ROZŠÍŘENÍ... Evropa, Kalifornie, Mexiko, Kanada, Chile, Argentina
POTRAVA... veškeré rostlinstvo, kůra

Hlemýždi mají vlastní účinnou obdobu Amorova šípu a přitom se dokonale obejdou bez pomoci křídlatého baculáčka s lukem.

Být obojetníkem není tak docela nenáročné; pravda, můžete se úspěšně ucházet o kteréhokoli příslušníka vlastního druhu, ale rozhodně se to neobejde bez dvoření. Když se dva hlemýždi potkají, může mezi nimi dojít ke vzrušujícímu erotickému rituálu. Pro nezasvěceného je to však zdlouhavá záležitost. Plži se plazí kolem sebe velmi, velmi pomalu – je to zřejmě jakýsi milostný laserový průzkum: vypadá to skoro, jako by hledali nejpříhodnější polohu k palbě... a pak vystřelí svůj šíp.

Hlemýžď nenosí svůj šíp v toulci, ale vyrábí si ho sám ve vychlípenině vejcovodu, která se nazývá bursa telae. Tímto šípem se navzájem dráždí před kopulací. Zajímavé je, že obvykle jeden z partnerů funguje jako samice a druhý samec, ač mají obojí orgány, vyúsťující hned za hlavou jediným otvorem. Totiž, není to tak jednoduché, mají jedinou žlázu, která na jednom konci vyrábí vajíčka a na druhém spermie. Aby se to nepletlo, vývod se větví ve dva kanálky, jeden pro vajíčka, druhý pro chám. Kopulace trvá dlouho, a tak si u mnohých druhů oba milenci své úlohy vymění.

Hlemýždi jsou tvorové spořiví, přijaté sperma uskladní v jiném výběžku své pohlavní soustavy, zvaném receptaculum seminis. K oplodnění vajíček může dojít mnohem později. Je to zase velmi prozíravé opatření, protože ne vždy jsou příznivé podmínky pro kladení hlemýždích vajec.

Při pomalém životním tempu hlemýžďů má důrazné vystřelení šípu dobrý důvod. Funguje trochu jako harpuna a usnadňuje potřebné přilnutí. Ovšem závidět jim tento patent nelze. Uvážíme-li procento špatných střelců v lidské populaci, snadno byste mohli skončit s šípem v mozku nebo v břiše. Hlemýžďům to nehrozí, jejich mozek ze dvou ganglií je maličký, většinu jeho práce vykonává nervová páska a všechny ostatní životně důležité orgány mají nastálo ukryté v ulitě.

ŠTÍR STŘEDOMOŘSKÝ

VĚDECKÝ NÁZEV... Buthus occitanus
ZAŘAZENÍ... Kmen: Arthropoda, Třída: Arachnida, Řád: Scorpiones, Čeleď: Buthidae
ROZMĚRY... do 21 cm
ROZŠÍŘENÍ... Jižní Evropa, severní Afrika, Blízký východ
POTRAVA... hmyz

Často se říká, že mezi láskou a nenávistí je tenká hranice. I když jde o dva odlišné póly citů, leckdy tomu tak opravdu je. Zato bezobratlí na to nahlížejí jinak – nejedna samička svého druha sežere samou láskou – a on tak ještě vydatně přispěje k výživě potomstva.

U štírů je to ale trochu jinak. Jsou to členovci velmi draví a navíc prudce jedovatí, nesnášenliví a na soukmenovci si také rádi pochutnají. Jak to tedy zařídit, aby se dokázali postarat o potomstvo? Štíři jsou pavoukovci, a to je rodina, která se obecně nevyznačuje příliš vysokou inteligencí. Jejich mozek je totiž maličký. Přesto jsou jejich námluvy velice složité – i odborná literatura je popisuje jako „zásnubní tanec". Aby se partneři náhodou nezabili jen tak ze zvyku, dotýkají se jeden druhého jen klepítky a vztyčenými konci zadečků, přičemž hroty jedových žláz směřují ven. Při tanci jim ovšem nejde o estetický zážitek. Cíl je trapně prozaický. Sameček nechce riskovat příliš těsný styk se samičkou, a tak upevní na pevný poklad jakési pouzdro se spermatem. Při první části baletu samičku všelijak obíhá a obskakuje, než se mu podaří uchopit její makadla, a pak se s ní přetahuje, aby ji dostal na vhodné místo. Tam upevní na nějaký kámen váček se spermatem, odborně zvaný spermatofor, a pokračuje v „tanci", dokud samičku nevmanévruje do správné polohy nad ním. Samička pak přidřepne na svých osmi nohách, nasaje spermie do pohlavního otvoru – a je po svatbě. Vzdor těmto chabým svazkům mezi rodiči jsou další osudy štíří rodiny podivuhodné – samička rodí živá mláďata, která se vyvíjejí v jejím těle napojená na tělní oběh a po 40 až 540 (!) dnech si je hned po narození přestěhuje na záda. Tam je nosí, dokud trochu neodrostou. Přesto nelze štíří rodinný život považovat za příklad k následování.

ŠTĚNICE POSTELNÍ

VĚDECKÝ NÁZEV... Cimex lectuarius
ZAŘAZENÍ... Kmen: Arthropoda, Třída: Hmyz, Řád: Heteroptera, Čeleď: Cimicidae
ROZMĚRY... 4-5mm
ROZŠÍŘENÍ... celé mírné pásmo Země
POTRAVA... krev

Do jakých extrémů může sex zacházet, to je nejlépe vidět na těch nejmenších tvorech, kteří mají vskutku politováníhodné způsoby. Pravděpodobně proto jsou schopni vytvářet tak obrovskou biomasu. Statisticky takové praktiky provozuje jen zanedbatelné množství druhů. Naštěstí jde o malé druhy, kterým věnuje pozornost jen několik profesionálů, takže nemohou budit veřejné pohoršení. Trochu problematické sexuální chování má například štěnice postelní. Není sice pedofilní, ale... Samice štěnice prostě nemá běžné pohlavní orgány. Místo správného otvoru na patřičném místě má jen zanedbatelnou štěrbinku na pravé straně pátého článku zadečku, vedoucí do tzv. Ribagaova orgánu, slepé kapsičky s hřebínkem zvláštních buněk. Za stěnou tohoto orgánu je mohutná vrstva buněk tzv. Berleseho orgánu, což jsou požírači buněk podobní našim bílým krvinkám. Způsobný štěničí samec zasunuje penis do této štěrbinky a jeho pohlavní buňky se protlačují skulinami Berleseho orgánu až do tělní dutiny a bloudí v krvi štěnice několik hodin (dvě až deset), dokud se, vedeny patrně chemotakticky, nedostanou do zásobníku (reticulum seminis) na konci vejcovodu. Většina z nich ovšem padne za oběť žravým buňkám Berleseho orgánu a díky této zvláštní výživě se samičí žlázy začnou mohutně rozvíjet. Patrně jsou štěnice ženského pohlaví s tímto postupem docela spokojeny, protože se páří velmi často. Na pohled to však vypadá tak hrozně, že vědci nazvali tento způsob, který vypadá jako násilné prorážení boku samice, traumatickým oplodněním. Někdy samec opravdu proráží tělní stěnu samice trnem umístěným před penisem na libovolném místě, takže celý proces je efektivnější.

Většina ploštic traumatickému oplodnění neholduje, ale u dravých lovčic (Nabidae) zřejmě samci vždy prorážejí tělní stěnu, protože samice mívají v krvi spermata, aniž by měly Ribagaův orgán nebo něco podobného.

Vy ale spěte klidně. Tento způsob kopulace se v živočišném světě moc neujal a nemusíte se ani obávat, že by samci štěnic napadali vaše břicho. Spokojí se s tím, že vám z kůže vysají trochu krve.

Zde vidíte na vlastní oči napitou štěnici!

Zdaleka ne tak nešikovný
jako naši klauni.

KLAUN OČKATÝ

VĚDECKÝ NÁZEV... Anphiprion percula
ZAŘAZENÍ... Kmen: Chordata, Třída: Actinopterygii, Řád: Perciformes, Čeleď: Pomacentridae
ROZMĚRY... 9-12 cm
ROZŠÍŘENÍ... teplá část Pacifiku
POTRAVA... drobní korýši

Disneyovi animátoři po dvou letech tvrdého úsilí konečně dokázali, že se Mickey Mouse podrbal na nose. To se přihodilo ve čtyřicátých letech minulého století. Později vyzkoušeli tisíce triků, aby dodali kresleným figurkám vzhled bytostí z masa a kostí, například kouzelnému Bambi.
Počítače animaci nesmírně zjednodušily, všechno jde rychleji, takže i vy patrně znáte poslední verzi filmu Hledá se Nemo ze surfování na internetu. Ovšem filmová dobrodružství malého klauna jsou skoro fádní ve srovnání se životem skutečných klaunů. Jejich příhody by se však musely vysílat po desáté večer – sexuální aktivity těchto rybiček jsou hodně neobvyklé.
Sapínovité rybky zvané klauni patří k těm šťastným skupinám, které mohou měnit pohlaví. Když se rybky vykulí z jikry, nejsilnější z nich se stane samičkou. Slabší se stane samečkem a společně takový pár obsadí jednu mořskou sasanku, která jim poskytuje bezpečný úkryt. Dvojice své území horlivě brání a vetřelce netrpí. Jejich život se tedy neskládá jen z malebného proplouvání mezi chapadly sasanky dovnitř a ven, ale z neustálých půtek a také shánění potravy, o kterou se nedobrovolně dělí s „paní domácí". Pod ochranou vějíře chapadel sasanky se rybky také třou, což je podívaná velmi poetická, leč pro účastníky náročná. Samička pak naklade jikry a sameček je hlídá a také se o ně obětavě stará. Stejně si počíná i v akváriu, kde se musí obejít bez přítomnosti sasanky a jikry jsou nalepeny třeba v rozbitém květináči. Jestliže však samička náhodou zahyne nebo ji někdo vyloví jako v Disneyově filmu, ovdovělý sameček se změní v samičku a ze skupiny klaunů se k němu připojí druhá nejsilnější rybka, která převezme roli samečka. Bývalý sameček má totiž v těle dosud nepoužívané samičí orgány a ty se nyní zvětší a začnou pracovat. Někdejší otec pak v roli matky naklade jikry a péči o ně převezme novopečený otec.

VČELA MEDONOSNÁ

VĚDECKÝ NÁZEV... Apis mellifera
ZAŘAZENÍ... Kmen: Arthropoda, Třída: Insecta, Řád: Hymenoptera, Čeleď: Apidae
ROZMĚRY... 1,5 cm
ROZŠÍŘENÍ... Evropa, Asie, Afrika
POTRAVA... nektar a pyl

„Nikdy se mi ani nesnilo, že bych se mohl stát včelou! Všechny jsou vždycky takovými přáteli!“
Ze všech filmových hloupostí v Roji Irwina Allena je vrcholem překvapení Michaela Caina nad tím, že včely nakonec přijdou k rozumu a rozhodnou se nás vyhubit. Včely totiž opravdu nejsou žádní dobráčci.

Za celý svůj život se včelí královna – pokud ji prvorozená sestra nezabije ještě v kolébce, pardon, v matečníku – spáří jenom při svatebním letu s hrstičkou trubců. To znamená, že jen jeden z dvaceti tisíc trubců má šanci na kopulaci. Má to však pro něj i horší stránku: během páření se totiž jeho pohlavní orgán zlomí a uvízne v samičce a on padá mrtev k zemi s vytrženými vnitřnostmi. Samička tak ovšem získá plnou dávku spermií, což nezbytně potřebuje, protože jí musí vystačit na celý život, který stráví kladením vajíček – a těch je mnoho set tisíc. Ovšem ani ostatní trubci nemají lepší vyhlídky. Jakmile je královna oplodněna, jsou zbyteční a včelí dělnice je buď vyženou z úlu, umoří hlady nebo ubodají žihadly.

Biologové diskutují o tom, jaký vliv má záhuba trubce při svatebním letu z evolučního hlediska a domnívají se, že zbytky penisu ubohého trubčího ženicha slouží jako jakýsi „pás cudnosti“, aby budoucí královna nemohla holdovat mnohomužství a aby tak nedocházelo ke křížení mezi liniemi. Ale v každém případě – být včelím trubcem je mizerný úděl.

KRYSA OBECNÁ

VĚDECKÝ NÁZEV... Rattus rattus
ZAŘAZENÍ... Kmen: Chordata, Třída: Mammalia, Řád: Rodentia, Čeleď: Muridae
ROZMĚRY... Do 500 g
ROZŠÍŘENÍ... Celý svět
POTRAVA... cokoliv jedlého

Rozšiřují mor. Močí do řek. Prý způsobují autismus dětí. Zkrátka krysy mohou za spoustu životních strastí. Myslím, že to je všechno vina starého Aristotela. Ve svém desetidílném živočichopise s názvem Historia animalium uvádí brilantní teorii o původu krys. Soudí, že krysy nemají pohlaví, a proto vyskakují už plně vzrostlé z bahna. V Aristotelovi je mnoho podobných moudrostí, například „sloni se páří zadky k sobě" nebo „lidé šedivějí na spáncích, a ne v týle, protože v zadní části hlavy není mozek". Musíme být ovšem spravedliví, tento starověký učenec byl jednookým králem mezi slepými a vypracoval dosti solidní zoologický systém, který s malými obměnami vydržel až do dob Karla Linného. Pokud jde o krysy, dopustil se i jiného omylu, než že jim upřel pohlaví. I když je to k nevíře, spletl si je s potkany. Ti se sice do našich zemí dostali až dvě tisíciletí po Aristotelovi, ale ve Středozemí žili už mnohem dřív. A právě oni se mohli „rodit z bahna", krysa je totiž teplomilná a zdržuje se v suchu. Nesporně však oba blízce příbuzné druhy jsou sexuálně velmi aktivní, i když krysa o něco méně. V populaci těchto hlodavců bývá až 30 procent samiček březích a sotva porodí, mohou již druhý den zabřeznout znovu. V příhodných podmínkách se množí po celý rok. Ovšem poměr pohlaví je skoro 1:1, takže ne každý sameček má naději na úspěch. Ve společenstvech těchto hlodavců proto panuje velká sexuální konkurence, mnozí samečkové se stávají outsidery, a dokonce hynou. Ti zdatnější, kteří se prosazují lépe, při kopulaci vylučují současně s chámem i zvláštní tuhnoucí hlen, který vytvoří ve vagíně samičky jakousi zátku. Snad to má být pojistka proti dalšímu oplození, ale stává se, že přispěchá jiný sameček a soupeřovu pojistku sežere jako příjemný předkrm k další zábavě.

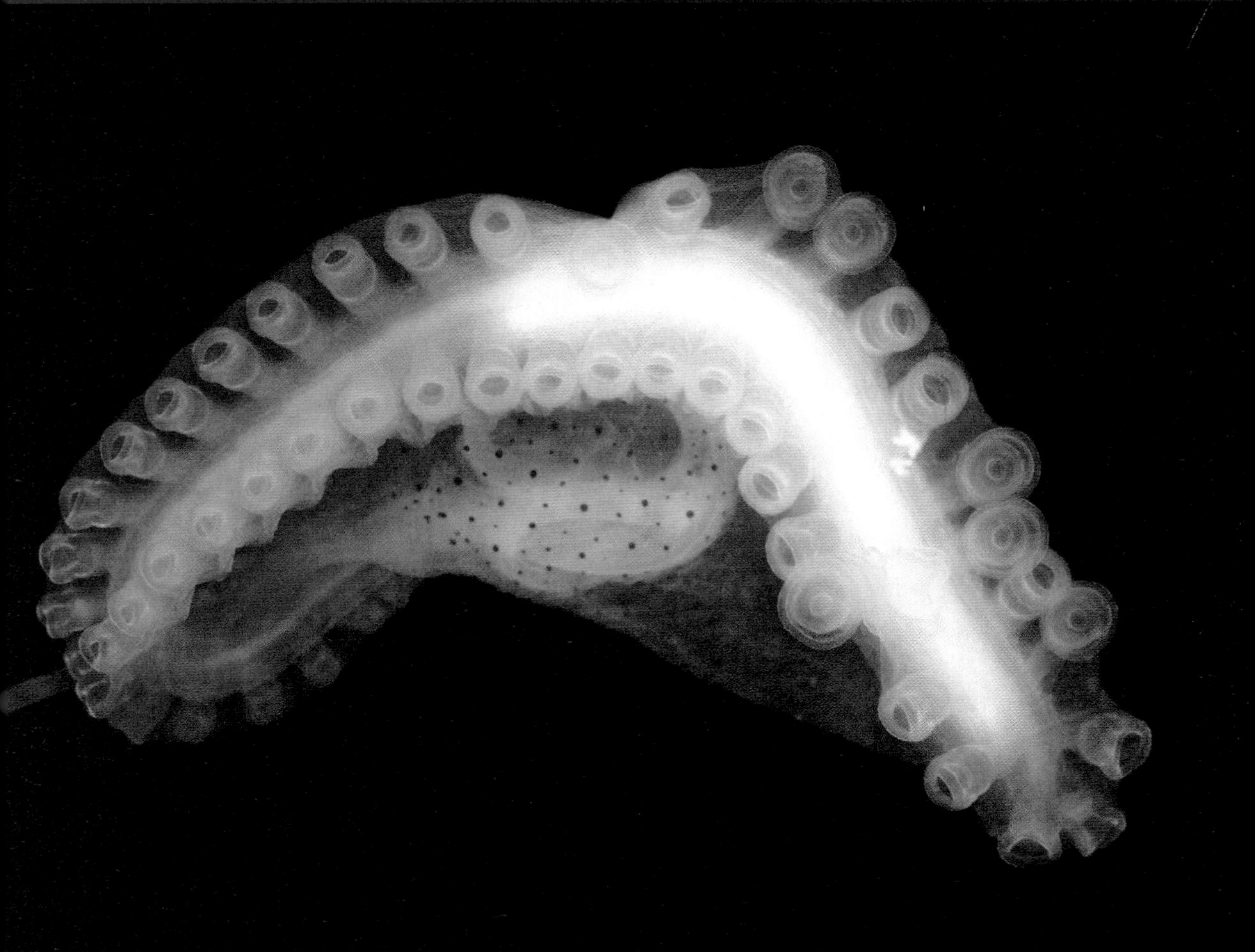

ARGONAUT PELAGICKÝ

VĚDECKÝ NÁZEV... Argonauta argo

ZAŘAZENÍ... Kmen: Mollusca, Třída: Cephalopoda, Řád: Octopoda, Čeleď: Argonautidae

ROZMĚRY... samičky 20 cm, samci 4 cm

ROZŠÍŘENÍ... tropická a subtropická moře celé planety

POTRAVA... drobné rybky, korýši

Některé věci v přírodě jsou opravdu těžko představitelné. Třeba volně plovoucí pyj. Co však člověku připadá naprosto neuvěřitelné, je u hlavonožců běžné.

Hlavonožci, hlavně chobotnice, jsou opravdu divná stvoření. Dovedou se protáhnout doslova klíčovou dírkou. Jsou to mistři přetvářky, mění barvu podle libosti či nálady, využívají raketový pohon, vytvářejí černohnědou obdobu umělé mlhy, ale bohužel jsou tak dravé, že se mnohdy požírají navzájem. Následkem toho jsou při námluvách právem velmi plaché. Zamilovaný sameček se proto prozíravě drží od své vyvolené doslova na délku chapadla. Ne libovolného, hlídá si pouze jedno (má jich osm), kterému se říká hektokotylové na památku jednoho trapného přírodovědného omylu. Toto rameno je u většiny chobotnic poněkud zbytnělé. Do něj samec uloží něco jako ruční granát naplněný spermatem, který pak v plášťové dutině těla samičky vybuchne. Takovéto poselství lásky na dálku by asi žádnou romantickou dívku neuchvátilo a ani všechny chobotnice se s ním nespokojí. Malé chobotničky z čeledi argonautů (je jich jen šest druhů) vyřešily problém jinak. Nežijí na mořském dně jako většina příbuzných, ale vznášejí se na vlnách, jsou pelagické. Samička si k tomu účelu vytvoří půvabnou bělostnou lodičku (proto to jméno), ale mnohem menší sameček (měří jen jeden centimetr) loďku nemá a s nevěstou by sotva udržel krok po potřebný čas. Proto si vytvořil jedno chapadlo delší, s dlouhým pohyblivým bičíkem, které dokáže samostatně plavat v moři, vyhledat samičku a vetřít se do jejího pláště, kde svůj náklad spermatu předá. A právě tam ho kdysi přírodovědci objevili, a protože o svatebních zvycích argonautů neměli tušení, popsali to podnikavé samčí rameno jako parazitického červa jménem Hectocotylus.

Pokud předpokládáte, že sameček úzkostlivě sleduje, zda jeho „posel lásky“ splní svůj úkol, mýlíte se. Zakrátko po odeslání hektokotylového ramene hyne.

LEMČÍK HEDVÁBNÝ

VĚDECKÝ NÁZEV... Ptilonorhynchus violaceus
ZAŘAZENÍ... Kmen: Chordata, Třída: Aves, Řád: Passeriformes, Čeleď: Ptilonorhynchidae
ROZMĚRY... 20-30 cm
ROZŠÍŘENÍ... Austrálie, Nová Guinea
POTRAVA... bobule, bezobratlí

Na scénu důstojně vstupuje ve své upravené besídce sameček lemčíka.
Zatímco švihák lázeňský tráví odpoledne za stolkem útulné kavárny, zaujímá neodolatelnou polohu podle francouzské poezie a s uhlazenou elegancí očekává nepravděpodobnou náhodu, která ke stolu přivede půvabnou dívku.
Lemčíci volí jinou cestu. Protože nevlastní sbírky básní a kavárenský stůl, uplatňují svou sbírku bobulí, papouščích per a uzávěrů lahví včetně obarveného mechu a klacíků. Proč mluvíme o lemčících v množném čísle? Protože jich je celkem 18 druhů, každý je jinak zbarven (samozřejmě jen fešák sameček) a každý si staví jiné loubí. A také sbírá předměty jiného typu a barvy. Například krásně modrolesklý lemčík hedvábný vyhledává modré předměty a je ochoten riskovat výprask, jen aby mohl konkurentovi ukrást modrý kamínek, který se připletl mezi jeho zelenavé. Jak víme, že jde krást? Loubí na snímku nepatří lemčíkovi hedvábnému, který tak stojí o modré věci. Ten si staví jen dvě rovnoběžné stěny z větviček a mezi ně si ukládá své poklady. Ale aby se neřeklo, že bydlí chudě, maluje vnitřní stranu stěn šťávou z bobulí a dřevěným uhlím.
Své loubí staví sameček lemčíka pro vlastní potěšení a pro získání obdivu samiček. Ty však žijí osaměle a místo honosného loubí si staví obyčejné hnízdo. Pouze v době toku samečka navštíví, nechají si předvést sbírky a nakonec strpí jeho důvěrnosti. Ale hned po páření odlétnou a už se o samcův palác nezajímají.
Je pravidlem, že čím skromněji je sameček lemčíka zbarven, tím honosnější loubí staví. Možná, že rozměry, pracností své stavby a bohatstvím svých sbírek dokazuje samec své kvality. A nejsou malé. Dr. Veselovský spočítal, co všechno si samec lemčíka velkého nanosil do svého domečku: asi 4-5 000 větviček (stavební materiál), až 800 ulit plžů, úlomky lastur mořských mlžů a kostí, střípky, skla, kaménky – dohromady 5 000 až 12 000 předmětů. Hezčí lemčík hedvábný není tak pilný, ale i on si z velké dálky přinesl nejeden unikátní exponát, například bleděmodrý dětský dudlík.

Dělá hlouposti, jen aby se zalíbil samičce.

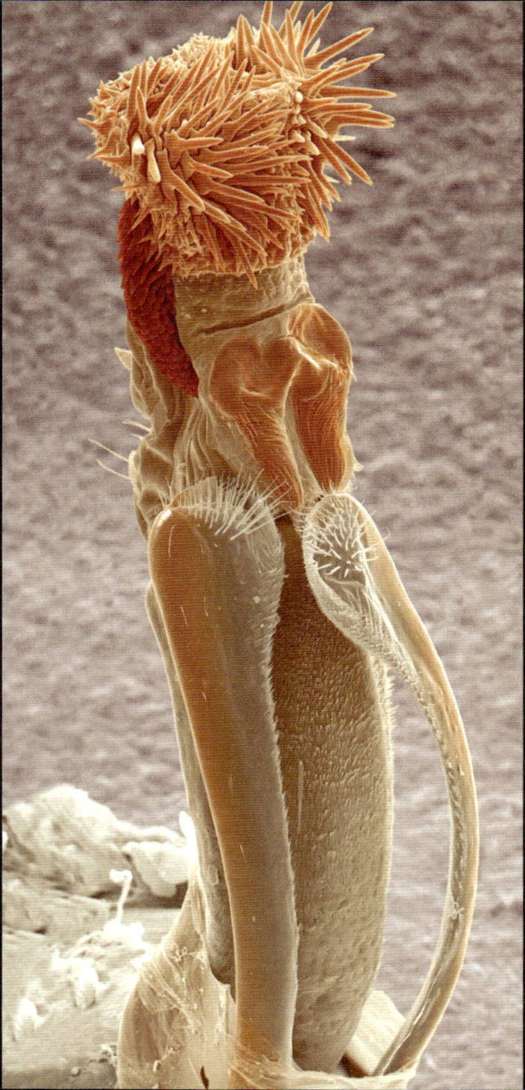

NOSATEC DLOUHAN SKVRNITÝ

VĚDECKÝ NÁZEV... Callosobruchus maculatus
ZAŘAZENÍ... Kmen: Arthropoda, Třída: Insecta, Řád: Coleoptera, Čeleď: Brentidae
ROZMĚRY... 6 mm
ROZŠÍŘENÍ... tropické oblasti
POTRAVA... boby

Jsou lidé, kteří rádi vedou silácké řeči: „Ty si myslíš, že se máš špatně? Když jsem byl malý kluk, tak jsem se živil uhlím!“ V sexu se tímto způsobem už trumfovat nepokusí. Proč? Příroda byla totiž k lidem poměrně shovívavá. Pokud jde o kuriozity v rodinném životě, zasluhuje největší uznání (nebo politování?) paní Nosatcová, protože zažívá děsné časy. Zamyslete se nad jejím životem a všechna vaše trápení budou připomínat procházku růžovým sadem.
Kopulační orgány vyššího hmyzu a jmenovitě brouků jsou neobyčejně složité a silně chitinizované – – jsou to tak tvrdé útvary, že je entomologové bez problému vypreparují, ač jsou vskutku mikroskopické. Proč to dělají? Protože tyto složité soustavy trubiček, háčků, trnů, zoubků a destiček fungují jako patentní klíče. Například u nás žije několik druhů brouků páteříčků (Malthodes), které lze určit právě jen podle kopulačních orgánů. Jinak jsou si podobní jako vejce vejci. Samičky, které takové ústrojí nemají, odborníci vůbec určit nedokážou. Sameček se však splést nemůže – jeho penis a hlavně jeho koncová součást aedeagus se hodí právě jen do zadečku samičky stejného druhu. Nedivte se proto, že i kopulační orgán nosatce vypadá jako nějaký mučící nástroj, který vymyslel Torquemada k postihování zatvrzelých kacířů. Trny, štětinky a chloupky mají přirozeně svou funkci. Hmyz zdaleka není tak citlivý jako obratlovci a potřebuje velmi silné podněty, aby opravdu došlo k zajištění potomstva. Na druhé straně je samička vybavená velmi odolnými vnitřními orgány, její bursa copulatrix, komůrka, kde dochází k oplození vajíček, je ze stejně pevného materiálu. Není tedy snadné dosáhnout dokonalého umístění jedné složité struktury do druhé, a proto má sameček nosatce (a nejen on) velmi silné zadní nohy. Ovšem po oplození a snesení vajíček už samičku na světě nic nečeká, protože záhy hyne vyčerpáním. Samec ostatně také.

ŠIMPANZ

VĚDECKÝ NÁZEV... Pan troglodytes

ZAŘAZENÍ... Kmen: Chordata, Třída: Mammalia, Řád: Primates, Čeleď: Pongidae

ROZMĚRY... 1,1-1,7 m, samice 25-50 kg, samci 34-70 kg

ROZŠÍŘENÍ... africké deštné pralesy

POTRAVA... ovoce, semena, hmyz, příležitostně maso

Vzhledem k tomu, že se šimpanzi nezajímají o lety do vesmíru, nedbají o politiku a nevzrušuje je chmurná budoucnost našeho světa, nezbývá jim nic jiného, než se bavit poněkud hlučným sexem. Kdybyste poskytli určitému počtu šimpanzů dejme tomu stejný počet počítačů, nakonec byste měli hromadu rozbitých počítačů, které by šimpanzi přeměnili v sexuální pomůcky.

Již ve dvacátých letech minulého století si jejich výrazné sexuality povšiml ruský lékař, profesor Sergej Voronov, a vypracoval metodu omlazování sešlých starců použitím šimpanzích varlat. „Opičí žlázy" se staly hitem meziválečného období a mimochodem obchodním artiklem. Jinak byly výsledky chabé a „omlazovací kúra" brzy zapadla. Šimpanzi však na svých způsobech nezměnili nic. Zejména šimpanzí samičky nevynikají zdrženlivostí – lze pozorovat, jak kopulují s půl tuctem různých samců během několika minut bez jakýchkoli zábran. A důvod? Možná se snaží předejít zabíjení mláďat.

U zvířat, která nežijí v párových rodinách, ale tlupách nebo harémech, často dochází k tomu, že při výměně vedoucího samce nástupce pobije všechny potomky svého předchůdce. Dělají to lvi, dělají to i někteří primáti. Důvod je jednoduchý – dokud samice kojí mláďata a starají se o ně, nemají zájem o milostné hrátky. Samec tedy obtížná mláďata pobije, samice přijdou do říje a nový vládce se zanedlouho těší z vlastního potomstva.

U šimpanzů však dominantní samec nemá takovou moc nad samicemi jako třeba šéf paviání tlupy, ani je nestřeží s takovou žárlivostí. Ostatně šimpanzice mívají mladé asi tak jednou za čtyři roky, takže by zde byl opravdu příliš závažný důvod k žárlivosti a násilí. Promiskuita přináší tu výhodu, že nikdo neví, čí dítě je čí, a tím pádem samci nemají důvod k zabíjení mláďat. Naopak, mužští členové šimpanzí tlupy spolupracují při lovu antilop, i při obraně území, přestože nemají rovnocenné postavení. Přejícnost samiček tak zlepšuje celkovou náladu ve skupině.

PASLÍĎÁK SKÁKAVÝ

VĚDECKÝ NÁZEV... Oxyopes salticus
ZAŘAZENÍ... Kmen: Arthrtopoda, Třída: Arachnida, Řád: Araneae, Čeleď: Oxyopidae
ROZMĚRY... 4-10 mm
ROZŠÍŘENÍ... Severní a Střední Amerika, Západní Indie
POTRAVA... hmyz

Když biologové mluví o paralelním vývoji neboli konvergenci, mají tím na mysli, že se dva organizmy vyznačují shodnými znaky, ne však proto, že by měly společného předka, ale proto, že se přizpůsobili stejným podmínkám podobným způsobem. Ve světě bezobratlých je takových příkladů nespočet. U spousty druhů jsou samičky větší a dravější, hotové satorie. Je to konečně pochopitelné, na nich závisí osud druhu, samečkové tu jsou jen proto, aby se postarali o oplození. Mohou být zakrslí, ale musí být dost hbití a obratní, aby dokázali splnit svůj úkol dřív, než je jejich manželka uloví a sežere. Nejdůmyslnější způsoby, jak pacifikovat dravé nevěsty mají pavouci. Vychytralí samečkové křižáků brnkají samičce na pavučinu, mrňaví nápadníci velikých nefil zase počkají, až dáma uloví dostatečně velkou kořist, která ji zcela zaujme. Slíďáci a paslíďáci spoutají samičku hedvábnými vlákny a připevní ji k podkladu. Díky těmto poutům pak může miniaturní ženich splnit své poslání. Ale ani to není jednoduché. Nemá totiž žádný penis, a proto musí sperma dopravit do samičky ručně. Naštěstí má správně upravená makadla, poslední článek tvoří jakousi lžičku, takže transport proběhne zpravidla hladce. Někteří pavoučci však upředou jakýsi malinký pavučinový šáteček a do toho své sperma zabalí.
Samičky slíďáků a paslíďáků mají velmi dobrý zrak a velkou sílu. Dá se předpokládat, že by se „poutům“ mohly vyhnout nebo je zpřetrhat. Někteří odborníci z toho usuzují, že celý problém kolem pavoučího sexu spočívá v identifikaci. Samička loví všechno, co jí přijde pod ruku – takže jí sameček musí ukázat, kdo je a jaké má úmysly. Proto to brnkání na pavučinu, tance, dárky nebo pouta. Poutání myslí vážně jen pavouk Ancylometes bogotensis, kde sameček odvádí důkladnou práci a samici trvá velmi dlouho, než se osvobodí. Jinak se předpokládá, že pavučina prosáklá samčím feromonem brzdí dravé instinkty samičky. Obecně u pavouků platí, že rodiče mají přispívat k výživě svých potomků. Jen se podívejte, kolik hladových dětiček se hemží pod nohama samičky paslíďáka. Proto je u pavouků dost běžné, že maminka sice zbaští tatínka, ale dítka zase zkonzumují mamku.

ATELOPUS BRADAVIČNATÝ

VĚDECKÝ NÁZEV... Atelopus chiriquiriensis
ZAŘAZENÍ... Kmen: Chordata, Třída: Amphibia, Řád: Anura, Čeleď: Bufonidae
ROZMĚRY... 3-5 cm
ROZŠÍŘENÍ... Jižní Amerika
POTRAVA... hmyz

ROZPAČITÝ ROZHOVOR PO NĚŽNÉ CHVILCE
„Ach, bylo to docela hezké..."
„Co bylo hezké, jak to myslíš?"
„Bála jsem se, že budeš hrubý, ale cítila jsem jen, jak mi sedíš na zádech."
„Jo, a chtěl bych tam zůstat ještě trochu dýl. To by bylo fajn."
„No dobře."(Výmluvná přestávka) „Když říkáš trošku déle..."
„Jenom šest měsíců..."
„Cože! Povídáš šest měsíců?! To tě mám nosit na zádech šest měsíců?"
„Báječně jsi to pochopila."
„To je jedna z těch vymyšleností, abych ti nemohla zahnout s jiným?"
„Může být, neříkám ne. Záleží na počasí. Jestli trochu sprchne..."
„Vždyť jsme v deštném pralese."

Šest měsíců. Ani samozvaný expert na tantrický sex Sting by nemohl mít takovou výdrž. Už proto ne, že nemá náležitý úchop, typický pro všechny žáby – říká se mu amplexus. Protože žáby mají zevní oplození, musí být sameček po ruce přesně v tom okamžiku, kdy samička začne klást zralá vajíčka, aby je ihned po opuštění těla matky oplodnil. Samička atelopa má štěstí, že je sameček podstatně menší a hubenější než ona – tak je to ostatně u většiny ropuch, s nimiž je příbuzná. Na barevný rozdíl nehleďte – atelopové patří k nejpestřejším žábám, příslušníci téhož druhu mohou být černí, bílí i strakatí. Žabí samičky to nemají lehké. Nemusíme ani putovat do deštných pralesů, i naše ropuchy každoročně překonávají velké vzdálenosti k třecím tůňkám a vlečou své nápadníky na zádech cesta necesta. S nimi pochodují, hopsají, překonávají překážky, plavou. A sameček ani na okamžik nepovolí svůj ocelový stisk. Být ropuší nevěstou vskutku není žádná slast.

Žabí objetí, amplexus, je neuvěřitelně silné a vytrvalé – příslovečné klíště je proti žabákovi hotový břídil.

URZON KANADSKÝ

VĚDECKÝ NÁZEV... Erethison dorsatum

ZAŘAZENÍ... Kmen: Chordata, Třída: Mammalia, Řád: Rodentia, Čeleď: Erethizontidae

ROZMĚRY... 65-68 cm, 3,5-7 kg

ROZŠÍŘENÍ... Severní Amerika

POTRAVA... listy, jehličí, kůra a lýko

Bodlinatá rodina dikobrazů, urzonů, osináků a kuandů odedávna vzbuzuje zvědavost, protože lidem nejde na rozum, jak se tito pichlaví tvorové mohou pářit. Ve starých přírodopisech a cestopisech najdeme nejednu bajku o krkolomných dikobrazích zásnubách.

Ve skutečnosti však je to prosté – stejně jako ježci, bodlíni a jiní savci opatření chlupy přeměněnými v bodliny, i dikobrazi dovedou své zbraně ovládat. V nebezpečí je naježí a dovedou ostny uvolnit, i když je nedokážou cíleně vystřelovat na dálku. Naopak v klidu je mohou sklopit, takže skoro hladce přilehnou k tělu. Musí to umět. Například urzon má na ostnech malé háčky, které se zachytí v kůži útočníka, uvolní se a zůstanou tam vězet. Čenich vlka, který z nezkušenosti zaútočí na urzona, pak vypadá jako jehelníček. Urzon ovšem přijde o některé ostny, a proto jimi nemůže zbytečně plýtvat v situacích, kdy nejde o krk.

A tak si všichni tito pichlaví rytíři zvířecího světa vypracovali metody, jak se dorozumívat mezi sebou. Při sporech o území se omezují na dupání, výhružně chřestí, ježí ostny a při námluvách postupují obezřetně.

Na sex časem příliš neplýtvají, dikobraz mu ročně věnuje asi čtyři hodiny. Když však už přijde kýžený den, sameček se přiblíží ke své družce, postaví se na zadní a předvede svou erekci. Pomalu se valí směrem k ní. Asi ze dvou metrů ji poctí silnou sprchou moči. Kupodivu to některé samičky nenadchne, otřepou se, znechuceně se od samce odvrátí a jdou se zase slunit na svůj kmen. Jindy se samci podaří samici zaujmout, takže zvedne ocas kolmo do výšky, a ukáže se zespodu, kde je bez ostnů. Díky tomu se nápadník může odvážit skočit jí na záda, aby ji nakryl. Často si pro jistotu chrání čenich tlapkami. Ani potom dikobrazi neztrácejí čas mazlením. Samička se jde poohlédnout ještě po nějakém samci a samec se valí domů, aby si odpočinul. Možná, že toužebně zírá na kalendář a přemýšlí, co bude za dalších 12 měsíců. Aby nedošlo k omylu – jeho úvahy se netýkají potomků. Osináci a dikobrazi jsou březí necelých sto dní, kuandové a urzoni kolem dvou set dní.

HROBAŘÍK AMERICKÝ

VĚDECKÝ NÁZEV... Nicrophorus americanus
ZAŘAZENÍ... Kmen: Arthropoda, Třída: Insecta, Řád: Coleoptera, Čeleď: Silphidae
ROZMĚRY... 3 cm
ROZŠÍŘENÍ... Severní Amerika
POTRAVA... zdechliny malých obratlovců

Potkáte-li ho někde na lesní cestě, zapůsobí na vás docela příjemně – úhledný černý brouček s výraznou žlutou, oranžovou nebo červenou kresbou na krovkách a se zlatými chloupky po těle. Ovšem když vám ho představíme, nadšení pomine – je to hrobařík z čeledi mrchožroutovitých a dělá svému jménu čest. Nejen, že se mršinami živí, on o ně dokonce zuřivě bojuje. Zdechlinka rejska nebo mladého vrabce je pro něj útulným domovem pro dětičky, a co víc, i zásobárnou kvalitního krmení. Ošklivit si hrobaříky však není spravedlivé. Jsou to vlastně velmi solidní, prozíraví a pracovití brouci, věrní spolupracovníci a obětaví rodiče (pardon, rodič). Zpočátku mladý pár horlivě pátrá po hnízdečku, kam by se mohl uchýlit. Nepročítají ovšem inzeráty, ale pátrají ve vzduchu paličkovitými tykadly. Sotva zachytí pach nějaké mrtvolky, hned roztáhnou blanitá křídla a spěchají k ní. Zde je nebezpečí z prodlení, jak říkají právníci. Každý kadáver přitahuje kupu mrchožroutů – mouchy, roztoče, ale hlavně jiné hrobaříky. Nad zesnulým obratlovcem se strhne lítý boj. Vítězný pár hrobaříků zažene všechny ostatní a rychle mrtvolku zahrabe. Ne snad z pietních nebo hygienických důvodů. Musí pod zem, než se stane rejdištěm jiných mrchožroutů. Hrobaříci usilovně pracují tři, ale i deset hodin. Teprve když je mrtvolka bezpečně zahrabána asi do deseticentimetrové hloubky, začnou se věnovat sexu. Potom samička naklade vajíčka do postranní komůrky, kterou už vyhrabe sama a poněkud nevděčně samce odežene. V jejích očích se stal pilný pomocník darmožroutem. Veškeré zásoby jsou určeny budoucím larvičkám. Zatím samička opatruje komůrku a čistí chodbičku, vypouští do tkání své zásobárny trávicí šťávy a čeká na líhnutí potomků – zhruba pět dnů. Potom ta pečlivá máma rozžvýkává potravu a podává ji dětem do úst po kapkách. Hrobařík je jeden z mála brouků, který krmí své mladé jako ptáci. Zakrátko se však larvy poprvé svléknou z kůže a pak už se živí převážně samy. Po dvanácti dnech se zakuklí v podzemních komůrkách a po dalších dvou týdnech se líhnou noví hrobaříci. A co rodiče? Sameček už si zřejmě dávno našel novou společnici do svého pohřebního ústavu. A pečlivá matka po krátkém odpočinku také pokračuje.

KUDLANKA ORIENTÁLNÍ

VĚDECKÝ NÁZEV... Mantis sphodromantis
ZAŘAZENÍ... Kmen: Arthropoda, Třída: Insecta, Řád: Mantodea, Čeleď: Mantidae
ROZMĚRY... 8-12 cm
ROZŠÍŘENÍ... Čína, zavlečena i jinam
POTRAVA... hmyz, drobní obratlovci

Představte si, že jste kudlančí matka samoživitelka a vaši potomci chtějí vědět, jak děti přicházejí na svět. Naneštěstí nemůžete celý problém řešit jako leckterý rodič, totiž doufat, že si ti malí zbojníci pro sebe najdou něco na internetu. Místo toho si musíte sednout, posadit si je na chitinem pokrytá kudlančí kolena a sdělit jim otřesnou pravdu. Znělo by to asi takto:
„Když se maminka a tatínek kudlanka velice vášnivě milovali, maminka ho objala zvláštním způsobem, moc silně. Když ho tak stiskla, začala požírat jeho oči. Potom snědla zbytek tatínkovy hlavy. Když žvýkala nervová zakončení v jeho mozku, velice to zvýšilo jeho vzrušení. To víte, v hlavě pod jícnem je taková uzlina, která tlumí ty správné pohyby. Když maminka ukousla tatínkovi hlavu, mohly teprve zapracovat uzliny v zadečku a milování mohlo proběhnout až do konce k její naprosté spokojenosti. Tak, doufám, že ti to vysvětlení stačí. A teď si běž hrát se sestřičkou."
Obávám se, že po takovém vysvětlení by si kudlančí kluci sotva začali hledat vhodnou partnerku. Ovšem polehčující okolností je, že by stejně příští zimu nepřežili. Tu přečká jen sto až tři sta vajíček v pěnovém kokonu, výsledek jejich sebeobětování.
Rodina kudlanek (Mantodea) má asi 2 000 druhů, rozšířených po celém světě, většinou v tropech a subtropech. Všechny se snadno poznají podle podivné trojúhelníkové hlavy, vějířovitých zadních křídel a lapacích předních nohou. To vše činí z kudlanek nebezpečné lovce, navíc chráněné maskovacím zbarvením. Kudlanky loví všechno, nač jim stačí síly, velké tropické druhy i malé plazy nebo ptáky. Dovedou se i důrazně bránit – podle výhružného postoje dostala jedna z nich i jméno – – kudlanka výhružná, Idolum diabolicum.

LEGUÁNEK PESTRÝ

VĚDECKÝ NÁZEV... Uta stansburiana
ZAŘAZENÍ... Kmen: Chordata, Třída: Reptilia, Řád: Squamata, Čeleď: Phrynosomatidae
ROZMĚRY... 5-6 cm
ROZŠÍŘENÍ... západ Severní Ameriky
POTRAVA... hmyz, štíři, pavouci

Vzrušující přírodní hra pro dva, v případě, že najdete odvahu navštívit jinak zoufale nudný Utah.
Co budete potřebovat:
Jednu samičku leguánka
Jednoho samečka leguánka se žlutými boky
Jednoho samečka leguánka s oranžovými boky
Jednoho samečka leguánka s modrými boky.
Pravidla:
Smyslem hry je postarat se o spáření samičky leguánka. Chyťte samečka podle vlastního výběru a dejte si ho za záda. Počítejte do tří. Přidejte další ještěrky.
Každý leguánek má jinou povahu: oranžový sameček je velmi agresivní a střeží velké území. Modrý sameček je také agresivní, ale nemá oranžové skvrny a hlídá menší území. Žlutý sameček je nebojovný, nemá žádné teritorium, ale je potměšilý.
Nejagresivnější oranžový samec se vrhne na modrého a samičky si ani nevšimne. Oranžový je natolik zaujat rvačkami a hlídáním svého území, že nezaznamená nevtíravého žlutého, který se drží zpátky, ale ve vhodné chvíli svede samičku. Modrý, který má menší území, si však žlutého všimne a napadne ho. Tato hra je něco jako kámen-nůžky-papír, ovšem je zajímavější, protože místo prstů vám poslouží ještěrky. Navíc z toho plyne poučení, že samečkové příliš zaujatí svým majetkem daleko častěji nosí parohy. Samičky nejsou nijak upejpavé, ochotně se páří již ve věku čtyř měsíců. Na svých společnících však nejsou příliš závislé, dovedou v těle uchovat jejich sperma živé po 80 dní a za tu dobu se mohou přestěhovat na značnou vzdálenost a založit tam novou populaci. V oblastech, kde nepřezimuje v klidu, klade až tři snůšky ročně po třech až padesáti šesti vajíčkách. Možná proto patří tato hezká ještěrka k nejhojnějším druhům jihu USA a Mexika. Je ovšem také oblíbeným zdrojem potravy pro jiná zvířata, a tak se až 85 procent mláďat nedožije dospělosti. Už chápete, proč samičky tak spěchají?

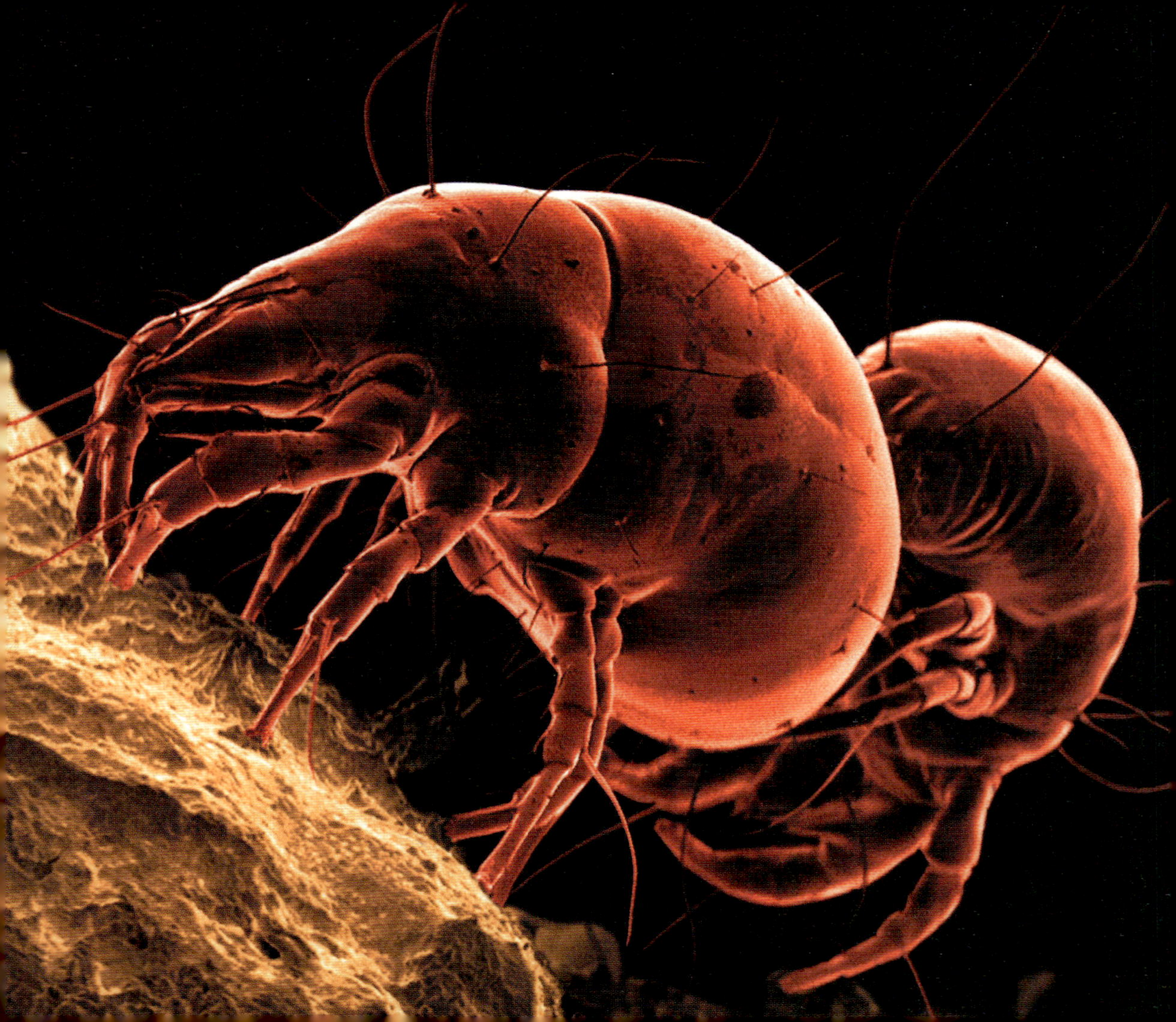

ROZTOČÍK HERFSŮV

VĚDECKÝ NÁZEV... Pyemotes herfsi
ZAŘAZENÍ... Kmen: Arthropoda, Třída: Arachnida, Řád: Acarina, Čeleď: Pyemotidae
ROZMĚRY... mikroskopické
ROZŠÍŘENÍ... původně Evropa, nyní i Severní Amerika
POTRAVA... housenky molů (vnitřní parazit)

Lidé i zvířata musí často řešit podobné problémy. Že by se však lidskými zákony stíhané formy soužití mohly objevit u roztočů, to člověka nevzrušuje. Existuje celý rod roztočů, u nichž se stal incest a zneužívání dětí přímo základem rozmnožování. Naštěstí jsou tito tvorečkové zcela miniaturní – plně nasátá samička měří jen asi půl milimetru – a žijí paraziticky u různých druhů hmyzu, hlavně na larvách pilousů a housenkách různých molů, takže jejich způsoby unikají pozornosti všech, kromě několika odborníků – a ti už něco vydrží.

Roztočíci z rodu Pyemotes vynikají úžasnou pohlavní dvojtvárností, oplozená samička má tak obrovské bříško (správněji zadeček), že odborníci jeden druh nazvali roztočík břichatý (Pyemotes ventricosus). Rodí totiž už dospělé jedince.

Pokud se narodí sameček, nevydává se za štěstím do světa, ale čeká doslova u mámina zadku, pevně přichycený, až se mu narodí sestřička. Jakmile zjistí, že rodící se roztočík má správné pohlaví, začne mu vehementně pomáhat na svět – funguje tedy jako porodní bába. A sotva se novorozená samička zcela osvobodí, ihned se s ní spáří. V tomto případě je nevěsta stará sotva jednu sekundu. O bráchy se tento vášnivec nezajímá, ty ponechává osudu. Oplozené novorozeně zpravidla prchne, patrně proto, aby si odpočinulo a zotavilo se po děsivém zážitku – a samozřejmě aby našlo vhodné místo k pokračování rodu, což u roztočů znamená vyhledat nového hostitele... A sameček zatím čeká, až se mu narodí další sestra.

U roztočů se člověk může nadít čehokoli – jsou schopni žít ve vaší ložnici i v moři a parazitovat na kterékoli rostlině či živočichovi. I v půdě patří k nejpočetnějším živočichům a zde kladou obrněná vajíčka, schopná odolat mrazu i vyschnutí. Jiní, jak vidíte na našem břicháčkovi, rodí živá dospělá mláďata. Jak to, že si přes pravidelné incesty udržují tu úžasnou životaschopnost? Odborníci to vysvětlují tak, že tímto postupem se vyřadí ze hry samčí geny, do dcer se nedostanou žádné recesivní geny, a tak je rozvoj břichatých roztočíků zaručen bez jakýchkoli genetických problémů.

DUGONG INDICKÝ

VĚDECKÝ NÁZEV... Dugong dugong
ZAŘAZENÍ... Kmen: Chordata, Třída: Mammalia, Řád: Sirenia, Čeleď: Dugongidae
ROZMĚRY... 2-3m,300-400kg
ROZŠÍŘENÍ... pobřeží východní Afriky, Asie až Austrálie
POTRAVA... vodní rostliny

Lidé v dávných dobách museli mít pozoruhodné mezery ve všeobecném vzdělání a špatný pozorovací talent, to může potvrdit každý, kdo se podívá na sousední snímek. Je to dugong. Nic proti silně ohroženým dugongům, jsou to skvělá, jen trochu nemotorná, mírumilovná a sympatická zvířata. Ovšem podle četných historických pramenů považovali námořníci dugongy a jejich blízké příbuzné kapustňáky za mytické mořské panny. Jen se na ně podívejte! Ne náhodou jim naši předkové říkali jadrně česky ochechule!

„Nejsou tak krásné, jak je malují," prohlásil Kryštof Kolumbus se vzácnou umírněností. Existují pověsti, že rybáři vytahovali nebohá zvířata do člunů a znásilňovali je; ovšem když budete delší dobu stísněni na malé palubě mořské bárky a budete se cítit hodně osamělí, nebude vám to připadat tak nepochopitelné. Ostatně manželky indonéských rybářů údajně na dugongy žárlí. Také s potápěči kapustňáci rádi laškují a ochotně se nechávají hladit.

Ovšem i když dugongy neobtěžují lidé, oni sami příležitostně pořádají mejdany. Mládenci těchto sirén obsadí určité území a tam za nimi připlouvají samičky na návštěvu, aby si vybraly toho nejlepšího. Ale abychom jim nekřivdili – samičky sirén nejsou žádné poběhlice, jsou to vzorné a znamenité matky. Protože mají na předních končetinách loketní kloub, objímají svá novorozeňata skoro lidským pohybem. Mají také mléčné žlázy na prsou, ovšem kojí mladé pod vodou, takže tento zajímavý fakt patrně středověkým námořníkům unikl.

Na druhé straně mejdany nezadané mládeže nejsou vzácností ani u jiných tvorů. Rybky cichlidy při těchto shromážděních stavějí hrady z písku, jiné společenské druhy ryb předvádějí hromadná vystoupení ve stylu spartakiády. Také dugongové se někdy shromažďují ve velkých skupinách, např. u kamerunského pobřeží nebo ve Žraločí zátoce v Austrálii a baví se synchronizovanými pohyby; je to něco jako zpomalené nehlučné disko.

DELFÍN KAPVERDSKÝ

VĚDECKÝ NÁZEV... Stenella frontalis
ZAŘAZENÍ... Kmen: Chordata, Třída: Mammalia, Řád: Cetacea, Čeleď: Delphinidae
ROZMĚRY... 1,7-2,3m, 140-160kg
ROZŠÍŘENÍ... převážně mírné pásmo Atlantiku
POTRAVA... ryby, olihně, korýši

Není pravda, že delfíni přišli do módy v poslední době, už ve starověku je lidé uctívali, milovali a zobrazovali lépe než moderní výrobci nejrůznějšího zboží na svých značkách. Také využití delfínů je prastarého data.

Avšak teprve za války v Zálivu, kdy americká armáda začala delfíny cvičit k vyhledávání min, ukázaly závěrečné zkoušky, jak jsou ti tvorové doopravdy mazaní. Já však nevěřím, že by cílevědomě klamali své cvičitele. Podle mé teorie delfíni prostě zapomenou na všechno ostatní a věnují se sexu. Není nutné, aby zahlédli kolem proplouvající samičku delfína, stačí pěkně vyhlížející želva nebo svůdně se vlnící úhoř. Nebo skála. Pro nás je skála prostě skála, pro delfína to může být neodolatelná sexuální výzva.

Pyj delfíních samců je pozoruhodný ovíjivý a topořivý nástroj, kterým delfíni zkoumají některé předměty pod vodou a skutečně se pokoušejí pářit se s kde čím. Jsou to patrně tvorové s nejmenšími zábranami na světě – diskriminace je pro ně neznámý pojem. V delfináriích byly často zaznamenány pokusy delfínů pářit se s jinými druhy, například drobný delfín skákavý sváděl velkou kosatku. Delfíni často také obtěžují dugongy a kapustňáky a patrně přispěli k jejich pověsti svůdných mořských panen. Zkrátka delfíni jsou prostě nestydové podmořského světa, neúnavně navazující důvěrné styky s kde kým a kde čím.

K vlastním samičkám však nejsou příliš ohleduplní a často tlupy rozverných mládenců pronásledují samičky a pokoušejí se je znásilnit. Ostatně i ochotná samička utrpí nejedno štípnutí či kousnutí od rozvášněného partnera, jak dokazují jizvičky na ploutvích i jiných částech těla. Ostatně i zájem delfínů o potápěče může mít jiný podklad než pouhou zvědavost nebo, jak většinou tito lidé doufají, přátelské city.

KOBYLKA MORMONSKÁ

VĚDECKÝ NÁZEV... Anabrus simplex

ZAŘAZENÍ... Kmen: Arthropoda, Třída: Insecta, Řád: Ensifera, Čeleď: Tettigoniidae

ROZMĚRY... 3-4g

ROZŠÍŘENÍ... Severní Amerika

POTRAVA... různé rostliny

Aby bylo jasno, tato zlopověstná kobylka, která v Severní Americe tak trochu nahrazuje saranče stěhovavé Starého světa, tam vystupuje pod jménem mormonský cvrček, což působí v mysli neinformovaného entomologa nemalý zmatek. Cvrčci patří totiž do zcela jiné rodiny a jsou většinou masožraví. Krom toho jsou sveřepí individualisté a nikdy netvoří úrodu ohrožující šiky.
Biologové s obtížemi hledají vysvětlení, proč jsou muži západní společnosti tak uchváceni vychrtlými, jako tyčka vyhlížejícími děvami. Udává se, že asi 12 procent těchto podvyživených osůbek je neplodných, což je pro vývojové i jiné perspektivy rodu závažné.
Samečkové kobylky mormonské se také zajímají o hmotnost své partnerky, ale mají zdravější názory než my – zváží samičku před pářením. Nevyplynou mu z toho žádné potíže a samička se neurazí – kobylky mormonské totiž patří k té početné skupině živočichů, kde na rozdíl od nás samičky spolu bojují o právo spářit se se samečky. A samečkové si vybírají právě ty největší samičky, které dokáží najít. Je dost zajímavé, proč. Z lidského hlediska nám to připadá poněkud na hlavu postavené, samečkové se jeví jako bloudi a samičky jako nezřízené prospěchářky. Zatímco sameček postrádá penis, samička se pyšní mohutným kladélkem. Samečkovi tedy nezbývá než vytvořit veliký spermatofor, v němž je kapka spermatu obalena množstvím šťavnatých živin. Po spáření, které zřejmě pro samečka není až tak úchvatným zážitkem, samička spermatofor s chutí sežere. Pro samečka toto řešení představuje velký výdej energie, pro samičku naproti tomu skvělou hostinu. Leč sameček je zřejmě spokojen, že našel svůj robustní ideál a pomohl samičce ztloustnout ještě víc. Spokojenost je tedy na všech stranách a pro budoucnost druhu to má nemalý efekt. Dobře živené samičky se vydatně množí a výsledkem jsou občasné inváze „mormonských cvrčků" ze Skalnatých hor do údolí, které dříve museli zemědělci zastavovat vykopanými příkopy a bariérami.

SLUNEČNICE OBECNÁ

VĚDECKÝ NÁZEV... Lepomis macrochirus
ZAŘAZENÍ... Kmen: Chordata, Třída: Actinopterygii, Řád: Perciformes, Čeleď: Centrarchidae
ROZMĚRY... 25 cm, 75 dkg
ROZŠÍŘENÍ... Severní Amerika
POTRAVA... hmyz

Nejen v lidské společnosti se vyskytují „frajeři" a „šizuňci". Ve spoustě společenstev vodních živočichů se objevuje něco podobného. Například u slunečnic, kterým se v Americe říká „louskáček šneků", protože tento okounek se živí kromě korýšů, rybek a hmyzu také měkkýši, jejichž ulity a lastury drtí silnými zuby. Zajímavější než jídelníček jsou však svatební zvyky slunečnic. Samečkové si před zásnubami budují hnízda v mělké vodě, a to hromadně. Hnízdo nepředstavuje žádný luxus, je to jen jamka ve dně, kterou „frajer" horlivě střeží a napadá každého, kdo se přiblíží. Jeden samec postupně naláká do svého hnízda několik vdavekchtivých slečen, takže se v něm může nahromadit až 200 000 jiker. To představuje pro samečka obrovskou hodnotu, a proto se bezhlavě vrhá na každého vetřelce, i mnohem většího než je sám, například na potápěče, protože ho podezírá, že chce oplodnit jeho pracně nashromážděné jikry. Jeho otcovské city však ohrožují spíše malí samci vlastního druhu.

Těchto „šizuňků" jsou dva typy. Malý drzoun se prostě v nestřežené chvilce jako šipka vrhne do hnízda a vypustí kapku mlíčí v naději, že aspoň několik jiker oplodní. Druhý typ je potměšilejší. Vypadá totiž jako samička. Obeplouvá hnízdo, vrtí se a koketuje. Chování tohoto „šizuňka" je velmi přesvědčivé, takže už poněkud znaveného majitele hnízda snadno obloudí. Nepravá samička se tak dostane do hnízda a část jiker oplodní. Když se pravému majiteli rozsvítí, je už pozdě, a tak mu nezbývá než dál hlídat nejen jikry, ale i neposedný potěr, který se z nich vykulí, byť to jsou zčásti nevlastní děti. Sameček mezi nimi nedělá rozdíly a když se rozplavávají, chytá je do tlamky a vyplivuje zpátky do hnízda.

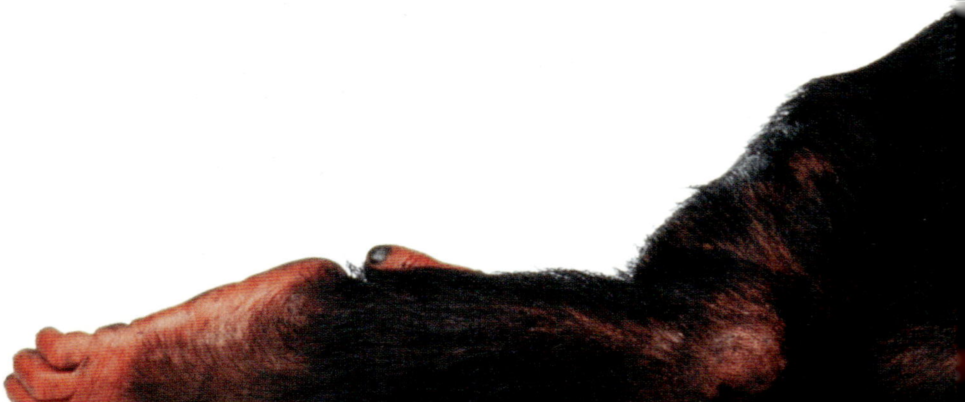

SNOVAČKA ČERVENÁ

VĚDECKÝ NÁZEV... Lartodectes hasselti
ZAŘAZENÍ... Kmen: Arthropoda, Třída: Arachnida, Řád: Araneae Čeleď: Theridiidae
ROZMĚRY... 5 cm
ROZŠÍŘENÍ... Austrálie
POTRAVA... hmyz

Za výlohou řezníka jsem jednou viděl prasečí hlavu, která měla v tlamě kartičku na způsob bublinky u komiksových figurek. Stálo na ní „Kup mě!“ Vypadalo to, jako kdyby bylo vyšlechtěno nějaké plemeno prasete, které touží skončit na pekáči a za tím účelem se naučilo psát i používat nůžek, aby ještě před smrtí sdělilo člověku své přání. Zda je to perspektivní, to je otázka pro pigology (dovoluji si nabídnout zbrusu nový termín pro označení znalce prasat).

Ovšem v živočišné říši existují tvorové, kteří doslova usilují o to, aby byli sežráni – a to jsou samečkové pavouků snovaček, které právě z toho důvodu dostaly přezdívku „černá vdova“. Už jsme se trochu seznámili s podivnými námluvami pavouků, štírů a roztočů a koneckonců i nepříbuzných, ale stejně krvežíznivých kudlanek, ale jsou ještě horší možnosti.

Pravda, mnohdy se samečkovi pavouka podaří včas utéci nebo se dokonce partneři rozejdou smírně, ale u snovaček to neplatí. Jak známo, pavouci nepoužívají ke kopulaci penis, ale makadla, často důmyslně upravená k přenášení spermatoforu. Sameček snovačky se v nejlepším vrhá přímo mezi hrozivé čelisti samičky. Když se ho pokouší vyplivnout, dere se zpět a snaží se vyšplhat na ty děsivé nástroje. Důvodem je, že když se samička náležitě nacpe chutným samčím zadečkem, přejde ji chuť na další zálety. Jen si vzpomeňte na sebe, po dobrém obědě si také raději dáte dvacet. Sameček tím sebeobětováním přispěje ke zdraví budoucí matky svých dětí a zajistí budoucnost svého potomstva. Než ho samička stráví, bude už pozdě na to, aby se uplatnil ještě nějaký další nápadník. Nehledě k tomu, že se i výživa pavoučích zárodků znamenitě zlepší. Sameček černé vdovy není totiž takový mrňous jako jiní pavoučí samečkové.

BIČOCHVOST KALIFORNSKÝ

VĚDECKÝ NÁZEV... Cnemidophorus uniparens
ZAŘAZENÍ... Kmen: Chordata, Třída: Reptilia, Řád: Squamata, Čeleď: Teiidae
ROZMĚRY... 15-23 cm
ROZŠÍŘENÍ... Kalifornie, Arizona
POTRAVA... hmyz

My samečkové jsme často v nezáviděníhodné situaci. Testosteron nás otravuje a náš Y chromozom se rychle rozpadá. Společně čelíme hrozbě hromadného vymírání.

Samečkové některých druhů jsou však ohroženi doopravdy. Bičochvosti mají obvykle samečky, samozřejmě, ale někdy také ne. Zejména u bičochvosta duhového rodí nedotčené panny dokonalé klony sebe samých. Ovšem někdy se ozve hlas dávné minulosti a tyto samičky se pokoušejí o pseudokopulaci. To znamená, že jedna z nich se vydává za samečka a chová se úplně tak. Dokonale napodobuje koitační kmity. Pak přestane a vlastně se nic nestalo. Ale zřejmě je tato simulace užitečná a podnítí snášení vajíček, a to u obou partnerek.

Kladení neoplozených vajíček je výborná strategie při obsazování nových teritorií, když je populace druhu ještě nízká. Ale je to jen jen dočasný jev.

Naštěstí klony nejsou velké. Co nyní řeknu, bude si znít divně. Možná, že i vy si představujete, jak by bylo užitečné se naklonovat. Představte si, jak výhodné by bylo mít dokonalého a naprosto spolehlivého dvojníka – prostě k nerozeznání!

Avšak dlouhodobě se každý druh vyššího živočicha musí vrátit k pohlavnímu rozmnožování, jinak po několika stovkách generací vyhyne. Klonování je samozřejmě jednodušší než hledání partnera, získávání jeho přízně a náročné křížení, ale pravidelná rekombinace genů je nakonec (až na výjimky u bezobratlých) jediný způsob, jak odolávat nepřízni světa, jinak nás nemoci a jiné nepříznivé jevy prostě převálcují.

Můžeme tedy shrnout, že v přírodě je partenogeneze, tedy rozplozování čistých panen, výhradně nouzové opatření a dříve či později je musí nahradit normální páření, ať již ve spořádaném manželství, v harému či při bezuzdných hrátkách. Vždyť obtížné mšice mohou tak zamořovat svět jen proto, že se pravidelně každý rok vracejí od rozmnožování panen k tradičnímu páření a kladení trvanlivých přezimujících vajíček.

MAKAK RHEZUS

VĚDECKÝ NÁZEV... Macaca mulatta
ZAŘAZENÍ... Kmen: Chordata, Třída: Mammalia, Řád: Primates,
Čeleď: Cercopithecidae
ROZMĚRY... 50 cm, 6-10 kg
ROZŠÍŘENÍ... Indie, východní Asie
POTRAVA... ovoce, semena

V jednom ohledu jsme na tom hůře než delfíni, náš druh má nepříhodnou utajenou ovulaci. To bylo užitečné pro naše předky: nejasné otcovské vztahy možná zabrzdily pojídání mozků jeskynních dětí jeskynními muži a také to povzbuzovalo tatíky, aby se spíš drželi doma a věnovali se rodinným činnostem. Modernímu člověku však z toho plynou četné nepříjemnosti s kroužky v diářích a pohnutými diskuzemi, kdo za to může.

Opice to mají zařízeno daleko lépe. Samci jsou, pravda, stále v pohotovosti, ale samičky nedělají se svou ovulací žádné tajnosti. Jejich vulva pěkně naběhne a aby ani natvrdlí samci netrpěli pochybnostmi, zbarví se zářivou červení i hýžďové sedací hrboly. Patrně existují někde na světě i zdrženlivé opice, ale makakové k nim zaručeně nepatří. S nadšením provozují své hrátky v přírodě i v zoo bez ohledu na publikum. To konečně nijak neudivuje. Avšak v lékařském středisku Dukeovy univerzity pokusem zjistili, že makaci jsou ochotni uplácet dárkem v podobě pomerančové šťávy, jen aby se mohli dívat na film o páření dam svého druhu. Je to první prokázaný případ ochoty zvířat zaplatit za podobnou podívanou. Samci byli navíc ochotni zaplatit plechovkou džusu i za předvádění dominantního samce jejich skupiny – patrně chtěli vidět svůj zářný vzor.

Jak vidíte, nic lidského zvířatům není cizí, už i voajéři se mezi nimi najdou.

SLIMÁČEK BANÁNOVÝ

VĚDECKÝ NÁZEV... Ariolimax dolichyphallus
ZAŘAZENÍ... Kmen: Mollusca, Třída: Gastropoda, Řád: Stylommatophora, Čeleď: Agriolimacidae
ROZMĚRY... 25 cm
ROZŠÍŘENÍ... Tichomořské pobřeží Severní Ameriky
POTRAVA... listí, zvířecí trus

Pokud tvůrci slavného Star Treku budou potřebovat nějaký druh vesmírného červa, mohou to pořídit poměrně levně, využijí-li nenápadně vypadajícího slimáčka banánového s opravdu děsivými zvyky.

Vysvětlení, proč tento plž dostal vědecké jméno dolichyphallus je snadnější prostudovat v učeném pojednání „Reprodukční chování plže Agriolimax dolichyphallus“, než to vysvětlit obecnou řečí tak, aby se o tom mohlo mluvit i ve slušné společnosti. Lapidárně by se to asi dalo říci tak: Pojmenovali ho Agriolimax, protože je to něco mezi slimákem a plzákem, česky tedy slimáček a dolichy-phallus, protože má veliký pyj, tedy phallus. Druhá část druhového jména pak je odvozena od zvyku těchto plžů navzájem si tyto orgány ohlodávat, lépe řečeno ostrouhávat – mají totiž v ústech jazykovou pásku (radulu) posázenou ostrými zoubky, kterými potravu strouhají – jak, to uvidíte na houbách, které dřív než vy našel nějaký slimák nebo plzák. Příčina, proč to dělají, se zdá jasná, jejich pyj je málem větší než jejich tělo, což je poněkud na závadu při páření, tím spíš, že i tento plž je hermafrodit. Snaží se tedy upravit svého partnera tak, aby mohl sloužit jako samice.

Že jste to ve škole neměli? No, on se zoologii bezobratlých ve školách věnuje opravdu jen zanedbatelný časový úsek. Uvážíme-li, že měkkýši jsou druhý největší živočišný kmen na světě hned po členovcích a že jich je popsáno přes 50 000 druhů, není divu, že se ve školních osnovách právě na tento druh nedostalo. Ostatně stejně se sotva hodí jako námět k duchaplnému rozhovoru při slavnostní večeři.

PIPULKA VLASATÁ

VĚDECKÝ NÁZEV... Manacus filicauda
ZAŘAZENÍ... Kmen: Chordata, Třída: Aves, Řád: Passeriformes, Čeleď: Pipridae
ROZMĚRY... 10-12 cm
ROZŠÍŘENÍ... Střední a Jižní Amerika
POTRAVA... hmyz, bobule, plody

Pokud neumíte tancovat, pak je pro vás nekonečná řada článků v nejrůznějších časopisech s lákavými názvy „Jak taneční schopnosti odrážejí sexuální výkonnost“ nebo „Co říkají současní vědci o významu tance“ poněkud skličující. Ale nemusíte si to tak brát, v ptačím světě platí samozřejmě jiné zákony, ale u lidí není zvykem, aby ženské publikum uchváceně přihlíželo tanečním kreacím samečků (pardon, význačných tanečníků jako Kevin Bacon, Patrick Swayze nebo John Travolta) a pak se na ně vrhalo za účelem kopulace. Takové chování je vyhrazeno samičkám tetřívků, tetřevů, skalňáků, pipulek a jiných tzv. arénových ptáků. Ostatně pipulky jsou tak roztomilí ptáčci, že stojí za to se s nimi seznámit.
Pipulky se sice v zoologickém systému usedle nazývají Pipridae, ale obecně jsou známy jako manakini, protože samečkové jsou nejen pestře zbarvení – jen se objevit na přehlídkovém molu, ale za toku si vykračují po větvičkách, točí se a předvádějí své peří jako praví manekýni. Aby je bylo dobře vidět, otrhávají listí z vybraných větví, někdy vodorovně rozprostřených nad zemí, jindy vysoko v korunách. Někdy však pipulkám poslouží k přehlídkám i holá zem. Úprava arény je kolektivní dílo a také tance samců pipulek jsou kolektivní. Skládají se z umělých kroků na větvičkách, třepetání křídly až 160x za vteřinu, čímž trumfnou i kolibříky, poskoků, úklon a hlavně předvádění pěřových ozdob. To vše provázejí melodické zvukové projevy vydávané normálním hlasem i vibrací per. Pochopitelně, že při takové exhibici samečkové zhubnou – ztrácejí až 10 procent tělesné váhy. Nenápadně zbarvené samičky tiše přihlížejí a vybírají si.
Se zvoleným tanečníkem se pak spáří – ale to je všecko. Pipulky netvoří stálé páry. Samička už pak sama postaví hnízdo, vysedí vajíčka a postará se o potomky. Je prostě trapně prozaická.
Mám takový sen: chtěl bych postavit disko arénu pro pipulky, kde by mohly pořádat soutěže za zvuků ryčných elektrofonických melodií. Opatřil bych jim hip-hop kloboučky a apartní vestičky. Jen nevím, jak zainteresovat samičky, aby zde dělaly publikum. Samičky většiny zvířecích druhů jsou totiž ohavně konzervativní.

HYENA SKVRNITÁ

VĚDECKÝ NÁZEV... Crocuta crocuta
ZAŘAZENÍ... Kmen: Chordata, Třída: Mammalia, Řád: Carnivora, Čeleď: Hyenidae
ROZMĚRY... 85 cm, 65 kg
ROZŠÍŘENÍ... Afrika, Asie
POTRAVA... kopytníci, zdechliny

MICHAEL GRADE, BBC
Drahý Michaeli, dosud jsem od tebe nedostal ani slovo o svém husím sitkomu. Pravděpodobně jsi zaneprázdněn, ale předpokládám, že tvé vyjádření teprve přijde. Právě jsem dostal další fantastický nápad na komedii o zvířatech.
Má poslední práce se týká samice hyeny, kterou cestování v čase zaneslo do viktoriánské éry (aktuální vysvětlení cest v čase může navázat na tvůj skvělý program Billie Pipe cestuje do vesmíru). Tato série využívá principu „ryba na suchu" podobně jako úspěšné pořady Krokodýl Dundee a Krokodýl Dundee 2.
Abys věděl, ženy viktoriánské doby byly neobyčejně dobře vychované, zdrženlivé, zkrátka dámy. Jsou pravým opakem hyeních samiček! Ty jsou větší, silnější a mnohem agresivnější než samci a mají dokonce vnější pohlavní orgány uspořádány tak, že vypadají jako velký pyj. Proto je problém poznat v přírodě, zda jde o samce nebo samici. Ve skutečnosti je jejich pseudopenis poštěváček, který také umí ztopořit. Při páření se tedy musí samec hyeny trefit do pseudopenisu samice, a to není právě snadné. Setkají-li se dvojice s vážnými úmysly, mávají na sebe těmito orgány. Něco takového by pochopitelně vzbudilo v upjaté viktoriánské společnosti silnou vlnu nevole. Představuji si, že tato show by podobně jako MASH obsahovala i vážné historky, třeba smutný fakt, že asi 10 procent samiček hyeny skvrnité hyne při porodu – pochopitelně není snadné rodit tak modifikovaným ústrojím. Na druhé straně však pohled do hyení školky, kde mláďata tráví čas, když jsou matky na lovu, nabízí mnoho roztomilých možností. Třeba jen to, že z té kupy hyeňat každá matka kojí jen ta vlastní, s čímž ostatní rozhodně nesouhlasí!
Dychtivě očekávám odpověď.
Gid

NOSOROŽEC DVOUROHÝ

VĚDECKÝ NÁZEV... Rhinoceros bicornis
ZAŘAZENÍ... Kmen: Chordata, Třída: Mammalia, Řád: Perissodactyla, Čeleď: Rhinocerotidae
ROZMĚRY... 2,9-3,7m, 700-1040kg
ROZŠÍŘENÍ... Afrika
POTRAVA... rostliny

Hola, dámy! Chcete vyzkoušet, zda se k vám váš muž doopravdy hodí? Použijte nosorožčí způsob. To je velice snadné! Postavte ho na jeden konec chodby a sama si stoupněte na druhý. Pak se oba proti sobě rozběhněte co nejrychleji, abyste se srazili hlavami s pořádným žďuchnutím. Ovšem aby to mělo ten správný efekt, museli byste vážit asi tři tuny a běžet rychlostí asi 50 km za hodinu. Pokud váš muž zůstane ležet v bezvědomí s krvácením z utrpěných ran, nedělejte si s tím hlavu. Pokud však zůstane na nohou, opakujte celý postup, dokud nezůstane při vědomí jen jeden z vás. Kromě vlastního posouzaní jste současně objevily důvod, proč nosorožčí samci v safari parku dávají přednost zábavě s projíždějícími renaulty Laguna, na které útočí s větší chutí než na skutečné samice, eventuálně samce.
V přírodě si samci samic mnoho nevšímají. Obyčejně v areálu jednoho samce bydlí několik samiček a nijak si nepřekážejí. K námluvám může dojít kdykoli během roku, ale protože nosorožice mívá mladé tak jednou za čtyři roky (je březí asi 420-480 dní a kojí celý další rok), schůzky nejsou příliš časté. Samci nosorožců spolu sice bojují, ale přetlačují se rohy a vrážejí si hlavou do boků, takže výsledkem je spousta funění, chrochtání a supění, ale jen zřídka zranění ostrým rohem. Zato samice bránící své mládě se na nic neohlížejí a dovedou způsobit nemalou újmu každému útočníkovi.

KACHNICE MALÁ

VĚDECKÝ NÁZEV... Oxyura vittata
ZAŘAZENÍ... Kmen: Chordata, Třída: Aves, Řád: Anseriformes, Čeleď: Anatidae
ROZMĚRY... 40 cm, 640 g
ROZŠÍŘENÍ... Argentina, jezera
POTRAVA... rostlinné zbytky, semena, malí bezobratlí

Nejsnazší způsob jak pochopit vědecké pojmy, je zeptat se, jestli by bylo možné je vyjádřit prostřednictvím charakteristik osob z populárního sitkomu Přátelé. Přírodní výběr se nejlépe hodí na Rosse s jeho citlivýma očima a plícemi, kdežto pohlavní výběr odpovídá Joeyovi – jeho výsledkem jsou tak podivné věci jako paví ocas, besídky lemčíků nebo penis argentinské kachnice malé. Většina ptáků totiž penis vůbec nemá. Jsou docela spokojení, když si nakrátko k sobě přitisknou otvory kloak. V minulosti však ptáci patrně nebyli tak puritánsky skromní, starobylé ptačí čeledě jako běžci, emuové, nanduové, kasuáři, tinamy a hokové penis mají. Pštros se dokonce pyšní orgánem dlouhým 40 cm. Ba i mezi pěvci se objevila tato výstřednost, penis snovačů tkadlčíků (Bubalornis) z Afriky dorůstá asi 15 cm, což je při délce těla 24 cm vskutku pozoruhodné. Všechny rekordy však láme kachnice malá, jejíž orgán měří asi 41 cm. Je to příslušnice malého rodu kachnovitých, který má všeho všudy šest druhů, roztroušených po celém světě. Kachnice bělohlavá žije dokonce ve Španělsku a karibská kachnice hnědohlavá se nyní šíří do Evropy. Jejich rozmnožovacím orgánům však zatím ornitologové nevěnovali dost pozornosti, takže nemáme zprávy, nakolik se od své jihoamerické příbuzné v tomto ohledu liší.
Kachní specialitu lze vysvětlit snadno. Odbývá-li se páření ve vodě, je velké riziko odplavení spermatu a tím i ohrožení potomstva. Proto kachny a husy penis mají. Například náš obyčejný kačer má spirálovitě doleva stočený pyj, dlouhý asi 5 cm, v klidu uložený v kloace. Účel je jasný, cíl rovněž. Jenomže, jak probůh dospěl přírodní výběr k bizarnímu výsledku u kachnice, vždyť ten orgán je velký jako kachna sama!
Během pátrání po příčině tak zvláštního vývoje museli odborníci vzít v úvahu, že kachnice snášejí neobyčejně velká vejce a že jsou polygamní. Nejen kačeři tedy prohánějí každou dostupnou samici

(to kačeři obyčejné březňačky provádějí také – však myslivci dobře znají „řadění kachen“), ale samice se také páří s více kačery a konečně, kachnice malá žije v neobvyklém prostředí ledovcových jezer.

Vědci uvažují o tom, že k prodlužování penisu došlo patrně postupným zvětšováním během mnoha generací. V tomto případě patrně pohlavní výběr předstihl ten přírodní, ovšem kdo se směje naposled, ten se směje nejlépe.

Uvádí se, že vědci z Aljašské univerzity považují zvláštní sexuální výběr kachnice malé jen částečně za příčinu této fyziologické abnormality. Může se zde uplatnit intenzivní produkce spermatu, ale i agresivní chování, které by mělo odradit soupeřící samce. Uvažuje se dokonce, jak velký vliv může mít něco takového na potápění až ke dnu jezer, kde tyto kachnice shánějí potravu. Já jsem ovšem dostal brilantní nápad – samci mohou používat penis místo lasa ke zkrocení zdráhajících se samic. Zatím žádný výzkum nepřinesl takový objev, na to přišli jen zloději dobytka.

Ovšem žádná teorie, o které jste četli, vás zřejmě nepřipravila natolik, abyste na tento snímek nezůstali zírat s otevřenými ústy. Radši je honem zavřete, než se pocintáte.

ŽELVA SLONÍ

VĚDECKÝ NÁZEV... Geochelone nigra
ZAŘAZENÍ... Kmen: Chordata, Třída: Reptilia, Řád: Testudines, Čeleď: Testudinidae
ROZMĚRY... 1-2m, 100-400kg
ROZŠÍŘENÍ... Galapágy
POTRAVA... rostliny, kaktusy

Jak dosvědčují poslední zprávy, britské želvy jsou příliš obézní. Zbožňující majitelé – želvy jsou pochopitelně domácí mazlíčci – je v mládí doslova cpou lahůdkami. Jejich měkké krunýřky se vyboulí, a když se zpevní, ubohá stvoření mohou sotva chodit – taktak dosáhnou nohama na zem. Naštěstí veterináři našli skvělé řešení – posadí zadek želvičky na kolečka ze stavebnice Lego: otevírají se nekonečné možnosti, jak změnit domácího želvího miláčka v jakési želvolego, hvězdu první velikosti, svádějící souboje v zadní zahradě.
Želví tukové tkáně hrají hlavní roli v době páření, kdy se samice zaoblují, takže se jim jejich krunýř stává poněkud těsným. Samci a samice těchto obrů se k sobě nechovají moc vlídně, často se i koušou a vrážejí do sebe krunýři. Nejčastější obranou před nežádoucí pozorností samce je, že se samice zatáhne do krunýře, takže samec může jen bezmocně obcházet kolem. Je-li však samička příliš vykrmená, celá se do krunýře nevejde. Samec ji tedy oběhne a kousne ji do nosu. Rozhořčená dáma schová hlavu, jenže to už zas neschová zadek. Nápadník nakluše dozadu a hbitě naskočí na její hřbet.
Želví svatba není nijak povznášející pohled, samec se pachtí, drápy mu kloužou po vyklenutém krunýři a samice se tváří, jako by se jí to netýkalo. Takové zneuznání jeho snah patrně nutí samce k dunivému řevu. Už Darwin (otec vývojové teorie) si stěžoval, že ho řev pářících se sloních želv v noci budil. Obří želvy se páří i v pražské zoologické zahradě, a to za bílého dne. A skutečně tak mohutně řvou, že je to slyšet až na ředitelství. To je projev na ty mlčenlivé plazy dost neobvyklý. Musíme však vzít v úvahu, že dospívají teprve ve čtyřiceti letech. Pochopitelně, že po takových letech čekání nezachovávají tu pravou želví zdrženlivost.

HVĚZDICE RŮŽOVÁ

VĚDECKÝ NÁZEV... Asterias rubens
ZAŘAZENÍ... Kmen: Echonodermata, Třída: Asteroides, Řád: Forcipularida, Čeleď: Asteriidae
ROZMĚRY... 12-40 cm
ROZŠÍŘENÍ... světová moře
POTRAVA... plankton, korýši, měkkýši

Když jsem byl kluk, měl jsem ve škole spolužáka jménem Graham, jehož jedno oko bylo podstatně větší než druhé. Nikdo se s ním moc nebavil. Jednoho dnes jsme se učili o hvězdicích; vykládali nám, že když se hvězdice chce rozmnožit, chytí se za skálu a utrhne si jedno rameno, které záhy doroste v novou hvězdici. V příští přestávce jsme zastihli Grahama, jak ovíjí ruce kolem dvou odpadních rour a usilovně tahá. „Co to děláš?" ptali jsme se. „Chci se přetrhnout ve dví, abych měl nového kamaráda!"

Tato historka ze školního hřiště má malou vadu na kráse: Především se hvězdice jen zřídka odhodlávají dobrovolně odvrhnout vlastní rameno, a pokud, tak určitě ne s úmyslem se rozmnožit. Obětují je, jsou-li napadeny nebo poraněny a odtržená část zpravidla spontánně doroste v novou hvězdici, aniž se s ní zbytek původního tvora skamarádí. Normálně se však množí jinak. Přestože vypadají spíše jako vánoční ozdoby, hvězdice mají oddělené pohlaví a s úctyhodnou vášní se věnují rozmnožování. Shromažďují se dokonce na určitých místech mořského dna a zde si kolektivně užívají radovánek – samci vypouštějí spermie, samičky vajíčka a obojí se mísí ve vodě. Oplozená vajíčka pak stoupají k hladině, kde zahájí složitý vývoj v dospělou hvězdici. Ze všech asi 1 500 druhů hvězdic však jen jediný tvoří páry, ve kterých sameček obejme svou družku a vypouští sperma na ni, ale k řádné kopulaci ani v tomto případě nedochází, na to hvězdice nejsou zařízeny.

Dorůstání nových jedinců z utržených ramen není tedy projevem nepohlavního rozmnožování, ale obrovské regenerační schopnosti ostnokožců obecně.

Hvězdice však dovedou ještě jiný trik – jsou velmi dravé a hltavé, ale ke své kořisti se jen tak nedostanou. Proto obemknou rameny třeba zavřenou ústřici a tahají tak dlouho, až mlž trochu povolí. Trvá to někdy celé hodiny, ale pak hvězdice vychlípí žaludek, vsune jej dovnitř a klidně začne trávit.

BACHOROVKA ČMELÁČÍ

VĚDECKÝ NÁZEV... Sphaerularia bombi
ZAŘAZENÍ... Kmen: Nematoda, Třída: Secermentea, Řád: Tylenchida Podřád: Sphaerularina
ROZMĚRY... 1 mm
ROZŠÍŘENÍ... Evropa, Severní Amerika
POTRAVA... parazit

Čmeláci vždycky vypadají spokojeně a bzučí tak dobromyslně, že nikoho ani nenapadne, že by mohli mít nějaké potíže. Ale mají. Trápí je například bachorovka čmeláčí, Sphaerularia bombi. Pokud jste nikdy neslyšeli o hlísticích, máte příležitost se s nimi nezávazně seznámit. Bachorovka patří do obrovské skupiny nematodů (zatím je popsáno 20 000 druhů, odhaduje se, že jich je půl milionu). Sotva jeden mm dlouhý, slepý a hladký „červík“ se plazí v půdě, dokud nenajde samičku. Když ji najde, hned se s ní spáří a zahyne. Samice na podzim vyhledává čmeláčí hnízda a tam se dostává do zažívací soustavy přezimující samičky, budoucí královny. A zde se s ní uděje hrůzná proměna. V příznivém prostředí se děloha samice hlísta tak vyplní vajíčky, že se vychlípí z těla a zvětší se 2 000x. Měří pak až 20 mm a samička visí na tomto gigantickém vaku s vajíčky jako zanedbatelný přívěsek. Nakonec se oddělí a zahyne.

Děloha s vajíčky zatím spočívá v těle přezimující královny. Na jaře se z vajíček vylíhnou larvy, pár dní ještě užívají pohody v čmeláčím těle a pak se řitním otvorem s trusem dostávají ven. Nic netušící čmeláčí samička tak roznáší po světě nepřítele svého rodu. Larvy dopadnou na zem, zahrabou se, přes léto dospějí, spáří se a na podzim se celý proces opakuje.

Zatím přesně nevíme, nakolik tento parazit čmeláky opravdu poškozuje. Možná, že těžce napadená samička zahyne dřív, než založí hnízdo, možná že je jen oslabená. Rozhodně však bachorovka nenapadá čmeláčí dělnice ani plod, takže snad patří mezi ty dobře adaptované „ochočené“ parazity, kteří již pochopili, že se k hostiteli musí chovat šetrně, aby neohrozili svou budoucnost.

Tenhle obrázek čmeláka je tak utěšený,
že určitě nechcete vidět, co je uvnitř.

TUČŇÁK PATAGONSKÝ

VĚDECKÝ NÁZEV... Aptenodytes patagonica
ZAŘAZENÍ... Kmen: Chordata, Třída: Aves, Řád: Sphenisciformes, Čeleď: Spheniscidae
ROZMĚRY... 90-95 cm, 9-15 kg
ROZŠÍŘENÍ... Antarktida
POTRAVA... ryby, kril, olihně

Všichni tučňáci – známe jich 17 druhů – jsou společenští ptáci a většina z nich hnízdí na kamenitých plážích. Jen tučňák císařský (Aptenodytes forsteri) odchovává mladé na ledových pláních uprostřed kruté antarktické zimy a potřebuje na to celý rok. Jeho menší, ale úhlednější bratránek si vybral příjemnější prostředí, dobře přístupné ploché pláže na subantarktických ostrovech. Musí se o ně sice dělit s lachtany, ale většinou si nepřekážejí.

Odbývají se tady jejich svatby – vlastní páření je tak trochu artistický výkon, něco jako vyvážit jednu láhev od mléka položenou na druhé. Není divu, že samička skutečně musí klidně ležet, aby milenec nespadl. Když se to podaří, jeho práce nekončí. Samička snese jediné vejce a na samci je, aby je uložil na své nohy a přikryl kožním záhybem. Tučňáci z toho udělali skutečný obřad – trochu tím vynahrazují předchozí nezpůsobné počínání. Pod lalokem samec vajíčko zahřívá asi tři týdny, zatímco manželka usilovně loví v moři a vykrmuje se. Potom se vrátí a vejce převezme. Tak se o ně asi po pěti dnech střídají, dokud se tak po 55 dnech nevylíhne malý tučňáček. Rodiče mládě asi tři měsíce usilovně krmí a opatrují, až dosáhne váhy kolem 10 až 12 kil. V té době je tlustší než ustaraní rodiče sami. Pak už péče trochu poleví, mládě se dočká nakrmení jen jednou za několik týdnů, takže zase zhubne. Tak přežije (nebo nepřežije) krutou zimu a na jaře ho zase rodiče pravidelně přikrmují. Až se osamostatní, mohou se rodiče zase věnovat sexuálním hrátkám, které zcela přizpůsobí okolnostem. Odchovávají zpravidla tři mláďata během dvou let, ale ztráty jsou velké – vylíhne-li se mládě pozdě na podzim, nepřežije. Jeho rodiče pak zahnízdí dříve – a následující potomek má mnohem lepší vyhlídky.

Tučňáci patagonští mají dost krušný život. Ale patrně je hřeje vědomí, že se nemusí postit půl roku jako jejich císařský příbuzný.

LEV

VĚDECKÝ NÁZEV... Panthera leo
ZAŘAZENÍ... Kmen: Chordata, Třída: Mammalia, Řád: Carnivora, Čeleď: Felidae
ROZMĚRY... 1,4-2,5 m, 118-250 kg
ROZŠÍŘENÍ... Afrika
POTRAVA... velcí kopytníci

Tématem jedné z nejstarobylejších filozofických rozprav je otázka, kdo je lepší: lev, nebo medvěd? Medvědí argumenty zní asi takto: „My medvědi jsme lepší, protože se umíme řádně nacpat a taky nás vycpávají. Jsme také skvělí tanečníci. A v Knize džunglí má medvěd význačnou roli, kdežto v písni Lví král je hlavní postava bezduchou loutkou. Ostatně lvi, hlavně lví samci, jsou lenoši líní, za které musí lovit jejich ženy a oni jim většinu úlovku sežerou."
„Blbost!" říkají lvi. „Ano, my lví samci trávíme hodně času zjišťováním, na které skále se nám bude nejlíp spát, ale máme pro to dobrý důvod. Především jsou naše lvice nenasytné nymfomanky, které musíme v době říje uspokojit až 150x za den, a to, prosím, pět dní po sobě! Kromě toho jsme králové džungle. A to není titul, který by se dal koupit za pár pláství medu k snídani."
V tom tedy mají lvi pravdu. Medvěd nemá se svou rodinou pražádné starosti. Jednou ročně navštíví medvědici, která žije poblíž, a tím jeho rodinný život končí. Musí si ovšem shánět potravu sám. Své území také značkuje a obhajuje každý medvěd vlastní silou.
Naproti tomu chudák lev má na krku smečku blízce příbuzných samic – jsou to většinou sestry, případně dcery, eventuálně sestřenice. Sice se spolu nehádají a o mláďata se starají rukou společnou a nerozdílnou, dokonce každá ochotně nakojí i cizí mládě. Ale jinak? Ostatně ten, kdo má v domácnosti podobnou sestavu, jistě se před lvem v úctě skloní.

SLON AFRICKÝ

VĚDECKÝ NÁZEV... Loxodonta africana
ZAŘAZENÍ... Kmen: Chordata, Třída: Mammalia, Řád: Proboscidea,
Čeleď: Elephantidae
ROZMĚRY... 4 m, 7500 kg
ROZŠÍŘENÍ... Afrika
POTRAVA... rostliny, listy, větve

Sloní muž měl nepochybně obrovské potíže, když se pokoušel vetřít do méně osvícené viktoriánské společnosti. Na druhé straně však být skutečným slonem by bylo ještě horší. Kdyby se konečně John Merrick setkal s přitažlivou dívkou, vypadal by patrně poněkud nesvůj a cítil by se bídně, ne-li nemocně. Začal by nadměrně močit a jeho penis by zezelenal. Tak je tomu totiž u samce slona.

Po mnohá léta si přírodovědci mysleli, že sloni trpí zvláštní chorobou, „zelenáním pyje", ale ukázalo se, že je to pouhý projev říje, takzvaný mašt (Musht). Mašt je zkomolené urdské slovo, které znamená otravu – a to je přesně to, co se samcům slonů děje v době rozmnožování: řvou na jiné samce, obsah testosteronu jim vyletí na padesátinásobek normálu, stávají se hyperagresivními a hlavně nadměrně močí. Říjný sloní býk vyprodukuje 350 litrů moči za den. Tváří v tvář samici je neklidný, podrážděný a můžete předpokládat, že se o ni nezajímá, když se však vzruší, předvede zezelenalý penis, jenž je největší mezi všemi suchozemskými zvířaty.

Protože pochva slonice není přímo pod jejím ocasem, jak byste se mohli domnívat, ale trochu níže, musí se samec opřít předníma nohama o její hřbet, takže čtyři tuny živé váhy vzrušeného slona spočinou na jejím hřbetě. Jakmile vše skončí, slonice je zřejmě až komicky hrdá na svůj výkon. Událost neproběhne nepovšimnuta. Rozpoutá se svatební pandemonium, kdy celá rodina (sestry, matka, babičky a kdekdo další) je vzrušená a dává svou radost najevo troubením, řičením, máváním choboty... a také zanecháváním trusu všude kolem.

ŠTÍREK BROUČÍ

VĚDECKÝ NÁZEV... Cordylochernos scorpioides

ZAŘAZENÍ... Kmen: Arthropoda, Třída: Arachnida, Řád: Pseudoscorpionida,
Čeleď: Cheliferidae

ROZMĚRY... 2 mm

ROZŠÍŘENÍ... celý svět

POTRAVA... roztoči

Jakmile někdo vykřikne něco jako „pseudoškorpión", každý se automaticky vyděsí. Přirozená reakce je „Určitě to není škorpión? Žádný druh štíra?" Nikoli, můžeme vás ujistit, že štírek nemá se štíry nic společného. Jeho klepítka jsou tak miniaturní, že si na ně musíte vzít lupu. Tak také zjistíte, že štírci nemají žádný jedovatý osten na konci zadečku, který je ostatně baculatý a hladký.

Na rozdíl od štírů jsou však štírci velcí cestovatelé. Nejen že dovedou čile běhat dopředu i pozpátku, oni horují i pro leteckou dopravu. Existuje štírek muší, který využívá jako dopravců much a také štírek broučí (na fotce), který se vozí na velkých tesařících harlekýnech. O námluvách štírků můžeme tedy bez nadsázky mluvit jako o záletech, díky modernímu způsobu dopravy může rozdychtěný sameček poznat více samiček, než kdyby chodil pěšky.

Ostatně ani rozmnožování štírků není nezajímavé. Jako u štírů se také samička štírka nechá samečkem zavádět k spermatoforu umístěnému na zemi a sama ho přitlačením zadečku zasune do pohlavního otvoru. Jenže k oplození dojde mnohem později, často za měsíc nebo ještě delší dobu. Vajíčka ve vaječnících začínají totiž dozrávat až po kopulaci. Ale ani potom ještě samička vajíčka nenaklade. Nosí je na zadečku v blanitém váčku. Tam se líhnou pohybu neschopné prelarvy, které žijí ze zásob žloutku z vajíčka. Pak se přemění v protonymfy, které sají tekutinu z pohlavních orgánů samice – je to jakási štírčí obdoba mléka – a teprve po dalším svlékání jsou schopny matčin váček opustit pohyblivé nymfy, které už se živí samostatně. Samozřejmě, že samička štírka nemůže pobíhat světem s pytlíkem mláďat u zadečku. Proto si najde bezpečnou komůrku pod kůrou, v zemi nebo v koutě nábytku a tam svou mládež vychová.

Potkáte-li nějakého štírka – a to snadno můžete, obývají celý svět a zatím jich je popsáno přes 2 000 druhů – chovejte se k němu šetrně. Je nejen neškodný, ale i užitečný. U vás doma loví pisivky i jiné škůdce a jeho oblíbenou kořistí jsou štěnice. Že je nemáte? No, člověk nikdy neví...

GORILA

VĚDECKÝ NÁZEV... Gorilla gorilla
ZAŘAZENÍ... Kmen: Chordata, Třída: Mammalia, Řád: Primates, Čeleď: Pongidae
ROZMĚRY... samice 70-140kg, samci 135-275kg
ROZŠÍŘENÍ... Střední Afrika
POTRAVA... rostliny, hlavně listy a stonky

ROZPAČITÁ KONVERZACE PO NĚŽNÉ CHVILCE

KONG: Jsi nějak moc klidná...
FAY WRAY: Ano? Víš, musím trochu přemýšlet.
KONG: Zdá se ti malý, že jo?
FAY WRAY: Cože? Ne! Samozřejmě, že ne.
(Chvilka zaraženého mlčení.)
FAY WRAY: No, je opravdu trošku malý...
KONG: To není moje chyba! Tak to má u nás goril být!
FAY WRAY: Samozřejmě. Rozumím. Ale božínku, jen dva palce!

A je tomu opravdu tak. Majestátní kolos vážící přes 200kg je po této stránce hůře vybaven než většina průměrných primátů. Ovšem stříbrohřbetý gorilí samec přesto dokáže svůj harém nejen uspokojit, ale i ubránit. A navíc je i spolehlivým strážcem a obráncem své rodiny před nebezpečím a něžným otcem mláďatům. Bylo dokonce zaznamenáno, že když se matka malé gorilky odtrhla od své rodiny a připojila se k jinému samci, otec se o svého potomka svědomitě staral. Bohužel však musíme přiznat, že ani mezi gorilami není vzácností infanticida. Jestliže mladší samec starého vůdce přemůže a přisvojí si jeho harém, často zabíjí novorozená nebo kojená mláďata, aby mohl co nejdřív jejich matky nakrýt. Jinak jsou však gorily překvapivě zdrženlivé a jejich rodinky jsou spořádanější než u jiných primátů – konečně i než u lidí. Ovšem, rozvody a únosy se u goril také občas vyskytnou, ale v rodině se nevěra netrpí – a to je velký rozdíl oproti šimpanzům a bonobům.

OCTOMILKA VIDLICOVÁ

VĚDECKÝ NÁZEV... Drosophila bifurca
ZAŘAZENÍ... Kmen: Arthropoda, Třída: Insecta, Řád: Diptera, Čeleď: Drosophilidae
ROZMĚRY... 2,5-3,7 mm
ROZŠÍŘENÍ... všechny tropické oblasti
POTRAVA... kvasící plody

Mezi živočichy, kteří se rozmnožují pomalu a nadělají kolem toho spoustu okolků, se tu a tam objeví tvor, který se dovede množit expres. Takovou užitečnou bytostí je muška octomilka, nad kterou se genetici tetelí, protože jim umožňuje získat spoustu generací ve velmi krátké době. Navíc má jen několik málo obřích chromozomů, které se velmi snadno počítají, a také výrazné znaky, např. barvu očí, která se spolehlivě dědí. Suma sumárum jsou octomilky nejrozšířenější a nejoblíbenější laboratorní zvířata. Proto jsou vystavovány různým druhům záření, krmeny různorodými látkami a podrobovány všelijakým zkouškám. Přesto všechno nikdy nestávkují a ukázkově rychle se množí. Sameček octomilky má sperma, které obsahuje hotový koktail chemikálií usnadňují kopulaci a samička je k ní vždy ochotná. Také nikdy nebývá zklamaná, sameček je jeden z mála tvorů, který dovede vytvořit objem spermatu větší, než je jeho vlastní tělo. Vypuštěno najednou vypadá jako nějaký děsivý průsvitný přízrak. Když sameček vzlétne, může se za ním tento útvar táhnout jako tenká, až 5 cm dlouhá vlečka. Jinak se ovšem páření octomilek odbývá docela obyčejně po muším způsobu a na jejich výchově mladých není nic zvláštního – jen ta rychlost.

Poněkud nepůvabná,
ba trošku nechutná obdoba
tří mušketýrů.

PLOŠTĚNKA VIDLIČNATÁ

VĚDECKÝ NÁZEV... Pseudoceros bifurcus
ZAŘAZENÍ... Kmen: Plathelmintes, Třída: Turbellaria, Řád: Polycladida, Čeleď: Pseudoceridae
ROZMĚRY... 6-7 cm,
ROZŠÍŘENÍ... Západní Pacifik
POTRAVA... sumky

Lidé už si poradili s mnohým: objevili oheň, vynalezli kolo, vyrobili dokonce vesmírné pero, které píše v každé poloze, a dokonce i na mastný papír. A také vymysleli metafory.
To všechno však nic není. V přírodě je spousta tvorů, jejichž patenty jsou pro nás lidi nedostupné. A nemusí to být ani vysoce organizované bytosti. Například taková ploštěnka je jednoduchost sama. Tito ploštěnci, od Aristotelových dob až donedávna souborně házení do velkého pytle s názvem červi, jsou skromní. Mají jen povrchovou vrstvu s řasinkami, která ani nezasluhuje jméno kůže, místo tělní dutiny mají pórovitou tkáň, jejich trávicí dutina je jediné „slepé střevo" a místo ledvin fungují jen plaménkové buňky. Leč přesto žijí ve všech světadílech, na souši i ve vodě, v zemi, v mořích i ve sklenících a všude se pilně množí. Některé druhy jen dělením nebo řetězením, jiné pohlavně. Mají takovou regenerační schopnost, že rozřežete-li ploštěnku na tucet kousků, z každého vyroste úplný jedinec. A co víc, když se ploštěnka něco naučí a vy kousky jejího těla nakrmíte jiné ploštěnky, dovedou to taky. Není to skvělý způsob předávání vědomostí?
Naprosto senzační je však hlavně rozmnožování mořských ploštěnek. Ty jsou překvapivě barevné a provozují leckdy hotový podmořský balet. Většinou jsou hermafroditi, jejichž tělo kromě trávicí dutiny vyplňují rozmnožovací orgány. Mimo jiné mají po dvou penisech a těmi svádějí pravé souboje, skoro jako mušketýři. Samozřejmě nedrží své zbraně v ruce, ty nemají, ani v řásnitém záhybu těla, ale prostě je vysunují z úst. Přestože je ploštěnka velmi měkké stvoření, její penisy jsou ostré a dovedou soupeři udělat pořádnou díru do těla. A o to právě jde. Nemají v úmyslu zabít soupeře, ale vpravit mu do těla dávku spermií. A ty už potom samy doputují k vajíčkům ve vaječníku – o potomstvo je postaráno! Ploštěnka později naklade rosolovitá vajíčka na příhodné místo v moři a záhy z nich vyplavou malé ploštěnky, které jakoby rodičům z oka vypadly, ovšem až na ty syté barvy.

STOPKOOČKA DALMANNOVA

VĚDECKÝ NÁZEV... Cyrtodiopsis dalmanni
ZAŘAZENÍ... Kmen: Arthropoda, Třída: Insecta, Řád: Diptera, Čeleď: Diopsidae
ROZMĚRY... 4 mm
ROZŠÍŘENÍ... Jihovýchodní Asie
POTRAVA... listy rostlin

„Máte zajímavé oči", to je běžná lichotka mezi lidmi, ale ve skutečnosti může znamenat, že nevíte, co jiného byste mohli pochválit.

Ovšem u samiček stopkooček je to něco docela jiného. Jejich oči jsou opravdu zajímavé, protože sedí na stopkách, které jsou delší než zbytek těla. Délka stopek je důležitá. Samičky si bedlivě prohlížejí samečky a s tím, který má stopky nejdelší, se spáří. Samečkové ovšem nečekají pasivně, až si je některá stopkooká krasavice vyhlédne – docela temperamentně o samičky bojují. Pro zoology je záhadou, proč si tyto drobné pralesní mušky pořídily teleskopické oči, a hlavně proč mají samečkové stopky podstatně delší než samičky. Na konci dlouhých nástavců vyrůstají těmto muškám i osinovitá tykadla, takže jejich smysly mají opravdu široký záběr. Ale proč? Nejsou dravé, takže nemusí vyhlížet kořist a při svém neúnavném kroužení v pralesním stínu patrně nepotřebují panoramatický pohled na svět. Patří koneckonců do příbuzenstva hrbilek, kterým se až na ty stopky velmi podobají. Ostatně kukly obou skupin jsou k nerozeznání – v kukle totiž mají stopkoočky své oční nástavce složené a narovnají se jim teprve po opuštění kukly.

Stopkoočky vypadají tak exoticky, že by je člověk hledal jen v tropech. Pravda, většina žije v Africe a jižní Asii, ale jeden rod – Sphyrotheca – žije i v Evropě a Asii. Kupodivu zcela chybějí v Jižní Americe.

FREGATKA NÁDHERNÁ

VĚDECKÝ NÁZEV... Fregata magnifica
ZAŘAZENÍ... Kmen: Chordata, Třída: Aves, Řád: Pelecaniformes, Čeleď: Fregatidae
ROZMĚRY... 2,5m rozpětí, 1,5kg
ROZŠÍŘENÍ... oceány tropického pásma
POTRAVA... ryby, malé želvy

Pozorování sexu zvířat přivede člověka k rozmanitým závěrům. Mimo jiné i k tomu, že ať se děje v přírodě cokoliv, nelze našimi lidskými měřítky zjistit, zda je to dobře nebo špatně. Například jsem viděl dokument, jak se lidé probudili v místnosti plné obrovských barevných balonů. Rád věřím, že to byl opravdu špatný zážitek, ale jsem přesvědčen, že samičky fregatek by byly něčím takovým nadšeny.

Sameček fregatky totiž dovede ve dvaceti minutách nafouknout veliký červený vak, který se mu jinak svraštělý houpe pod krkem. Samičky pak zalétají na inspekci, kdo ze samců má ten nejlepší a nejzářivější balon. Pochopitelně takový samec snadno získá přízeň fregatčí krasavice. Během následující sladké chvilky by sameček možná měl zakrývat své družce oči křídly, aby ji nerozptylovali kolem letící samečci s ještě krásnějšími balónky.

Naštěstí to dělat nemusí, protože fregatčí samečci se lákání samiček věnují vsedě, nejraději na hnízdě, kdy mohou svou ozdobu náležitě uplatnit a doplnit zvukovými efekty.

Nám lidem připadá kombinace ostrých zobáků a nafouknutých balonků svrchovaně riskantní. Naštěstí dosud žádného fregatčího samečka nenapadlo, že by se mohl snadno a rychle zbavit konkurence, kdyby zvládl šikovný grif, jak sousedův nafouknutý vak proštípnout. Místo toho se fregatky raději věnují olupování jiných lovců ryb, napadají je v letu a přinutí je kořist pustit nebo vydávit. Tento kleptoparazitismus je u fregatek mnohem rozšířenějším zlozvykem než žárlivost.

PRASE DIVOKÉ

VĚDECKÝ NÁZEV... Sus scrofa
ZAŘAZENÍ... Kmen: Chordata, Třída: Mammalia, Řád: Artiodactyla, Čeleď: Suidae
ROZMĚRY... 90-150 cm, 50-350 kg
ROZŠÍŘENÍ... původně Eurasie, dnes celý svět
POTRAVA... všežravé

Budapešť je pěkné město a je tu spousta zajímavých věcí k vidění. Měl jsem příležitost zajet tam a přítel i já jsme byli uchváceni možností shlédnout výstavu inzerovanou v Průvodci Budapeští O aerosolech pod nevysvětlitelným názvem PIG SEX, v Národním zemědělském muzeu. Co to může být? Že by to byla maďarská verze akce Lynx? Jaké to mohou být feromony, které jsou neodolatelné pro prasata? Nebo jimi zemědělci pravidelně postřikují pysky prasnic, aby byly dokonale sexy? Naneštěstí byla místo toho v zemědělském muzeu umístěna aktuální výstava Hračky z Kinder vajíček. Nikdy jsme nezjistili, o jaký aerosol šlo, ale bylo hezké, že jsme viděli spousty mrňavých želviček.
Tato anekdota vás má jen dovést k trošce informací o prasečím sexu. Kanec má dlouhý vývrtkovitý penis s dutinou po straně, z něhož vystřikuje dobrého půl litru spermatu. Poslední část už je hustá jako vanilkový krém a zajišťuje dokonalé vyprázdnění. Jako mnoho těchto orgánů, má i tento tvar zabránit křížení. Nejjedinečnější je penis, který se hodí pouze do jednoho typu pochvy, takže zabraňuje mezidruhovému křížení. To je velmi užitečné, protože mezidruhoví kříženci bývají obyčejně neplodní a v podstatě neužiteční (neplatí vždy, například mula a mezek jsou velmi užiteční soumaři).
Pokud jde o divoká prasata, jejich rodinný život je velmi bohatý a pestrý – ne náhodou o nich byla napsána celá řada zajímavých knih a mysliveckých pozorování. Bohužel právě pozorování rodinného života černé zvěře je velice riskantní. Ne, že by se styděli, ale jsou trošinku nedůtkliví. A při jejich váze, rychlosti a „zbraních“, které mají i bachyně – raději ruce pryč od prasečí rodiny.

ĎAS HLUBOKOMOŘSKÝ

VĚDECKÝ NÁZEV... Edriolychnus schmidti
ZAŘAZENÍ... Kmen: Chordata, Třída: Osteichthyes, Řád: Lophiiformes, Čeleď: Ceratidae
ROZMĚRY... samice 20 cm, samec 3 cm
ROZŠÍŘENÍ... světové oceány
POTRAVA... ryby, větší bezobratlí

Existují bytosti, které se páří po celý život. Jak úžasné! Romantické rybičky... Jak veliké mají oči! Chcete se o nich něco dovědět?
Moc se nedivte, tyto prapodivně vyhlížející, jakoby skleněné bytůstky patří do řádu ďasovitých, odborně Lophiiformes. Mořští ďasi obecně vypadají jako příšery z těžkého snu. Obrovská ozubená tlama, podivně ploché tělo, udice lákající oběť do smrtelné pasti. Právě ta udice je společným znakem všech ďasů – proto se jim také snad ve všech jazycích světa říká udicové ryby. Jejich doménou jsou nejen dosažitelné hloubky okrajových moří, ale i ty nejhlubší mořské propasti, kam nikdy nepronikne nejslabší paprsek světla. Na rozdíl od běžných mořských ďasů, kteří mohou vážit poctivých 20 kg, jsou jejich hlubokomořští příbuzní doslova miniatury. Neznáme je ostatně dlouho. V roce 1922 byla vylovena samička tohoto ďasa a ichtyolog, který ji zkoumal, zjistil, že jí na břiše visí dvě malé rybky. Usoudil, že jsou to mláďata, která napadla matku. Na pravdu se přišlo až o tři roky později, když kolega rybky rozpitval a zjistil, že to jsou dospělí samečci. Od té doby bylo objeveno mnoho druhů samiček, které si vozí samečky na těle, aby je nemusely shánět někde v nekonečných hlubinách. Tito samečkové jsou sice mrňaví, nemají žádné pořádné vnitřní orgány kromě rozmnožovacích, zato vládnou výbornýma očima a velkým „čichovým" orgánem, který je dovede k samičce. Zrak zachytí světlo „lucerničky" na hlavě samičky, čich upřesní směr a sameček může vlastní silou k samičce doplavat. Pak už se jen zakousne na vhodném místě a tím jeho starosti končí. Samička ho zásobuje živinami z vlastní krve. Za to dostává sperma, které vytvářejí dvě velké žlázy vyplňující celé samečkovo tělo.

MURÉNA ZELENÁ

VĚDECKÝ NÁZEV... Gymnothorax funebris
ZAŘAZENÍ... Kmen: Chordata, Třída: Actinopterygii, Řád: Anguilliformes, Čeleď: Muraenidae
ROZMĚRY... 300 cm
ROZŠÍŘENÍ... subtropický a tropický oceán, Severní i Jižní Amerika
POTRAVA... ryby, korýši, hlavonožci

Rodina úhořů dělala přírodovědcům těžkou hlavu už od nejstarších dob. Na otázce, kde a jak se úhoři rozmnožují, si vylámali zuby Aristoteles, Plinius, Albertus Magnus a mnoho dalších učenců. Kolem úhořů se odehrálo i mnoho komických příhod, například se lidé domnívali, že úhoři jsou živorodí a parazitičtí vrtejší z vnitřností úhořů byli se vší vážností popsáni jako úhoří potomstvo. Naproti tomu skutečné larvy úhořů byly popsány pod jménem Leptocephalus jako zvláštní druh průsvitné rybky. Teprve koncem 19. století byla rozluštěna záhada úhoře říčního a jeho dlouhého putování na trdliště u Bermud, což je obecně poměrně známo.
To ale zdaleka nejsou všechny zvláštnosti kolem řádu holobřichých, kam vedle úhořů patří také předlouhé úhořovky, parazitičtí tupohlavci, pilozubi, hadovky, ale hlavně úhořovci, které známe pod jménem mořští úhoři a murény. Zástupce právě této poslední skupiny je na protější fotce.
Murény nejsou žádní velcí cestovatelé jako úhoři (mořští úhoři ostatně také ne), žijí v teplých a tropických vodách a uchylují se nejraději do štěrbin a jeskyněk. Zatímco pravých úhořů je jen 15 druhů, u murén jich známe přes 200 a jsou jedna pestřejší než druhá. Asi každý o nich ví, že mají jedovatou krev a že mohou být nebezpečné potápěčům svou silou a ostrými zuby. Málokdo však ví, že některé murény mohou měnit pohlaví a s ním i barvu. Mladé murény nosaté jsou černé, pak zmodrají a fungují jako samečci, dospělé samičky změní barvu do žluta. Z nakladených jiker se rodí leptocefalové larvy, podobné průsvitné rybky ve tvaru vrbového listu, jako u úhořů.
A pokud jde o zásnuby murén, ty nejsou spojovány s žádným dlouhým cestováním. Středomořská muréna přitáhne do pobřežních vod a tam se na mělkých místech vytírá. Rozhodně neurazí tisíce kilometrů jako její příbuzní úhoři.

ZEBŘIČKA ŠEDÁ

VĚDECKÝ NÁZEV... Taeniopyga guttata
ZAŘAZENÍ... Kmen: Chordata, Třída: Aves, Řád: Passeriformes, Čeleď: Estrildidae
ROZMĚRY... 9-12 cm
ROZŠÍŘENÍ... Austrálie
POTRAVA... semena, hmyz

Tolikrát jste četli v nejrůznějších časopisech, že Brad Pitt a Paris Hilton jsou neuvěřitelně krásní lidé, až jste tomu uvěřili. Avšak jen o pár let později, když pochlebníci vymřou, začnete patrně pochybovat a říkat si: „Hrome, vždyť on má hlavu jako vařený brambor! A na ní jsou zajímavé jen ty mrtvé, bezduché oči asociální vyšinuté osoby, ale jinak má obličej jak placku.
Taková je síla kulturní podmíněnosti. A něco takového působí i v říši zvířat, což dokazuje pokus provedený institucí s úchvatným jménem Institut pro studium integrativního chování ptáků ve Virginii. Tady postavili blízko sebe dvě klece se zebřičkami, při čemž v jedné byli jen samečkové a v druhé obě pohlaví. V dohledu byla třetí klec se samými samičkami. Později, v době toku, došlo k překvapivému jevu. Samičky, které se doposud pářily jen se samečky, se začaly pokoušet o páření s jinými samicemi. Působilo to na stejném principu – nebohé zebřičky se v nepřirozených podmínkách staly oběťmi „ společenského tlaku“ asi jako naše puberťačky usilující vypadat jako anatomický preparát, jen aby odpovídaly „módním trendům“.
Ale i v nezkažené přírodě existují „módní vlivy“. Ptáci doplňují zděděné melodie nově odposlechnutými zvuky, vystýlají svá hnízda nevídanými materiály a místo na tradičních místech se usazují na „dobrých adresách“, třeba na paneláku.

Snadno ovlivnitelná zebřička.

KONÍČEK KRÁTKOHLAVÝ

VĚDECKÝ NÁZEV... Hippocampus breviceps
ZAŘAZENÍ... Kmen: Chordata, Třída: Actinopterygii, Řád: Gasterosteiformes, Čeleď: Syngnathidae
ROZMĚRY... 16-18 cm
ROZŠÍŘENÍ... východní Atlantik, Středozemní a Černé moře
POTRAVA... drobní bezobratlí

MICHAEL GRADE, BBC
Mickey,
nedovedu popsat, jak jsem zklamaný, žes mi neodpověděl na můj návrh sitkomu o hyenách cestujících v čase. Když jsem to však znovu uvážil, musím přiznat, že tento typ námětu je možné při zběžném pohledu považovat za poněkud choulostivý.
To vše mám na paměti, když přikládám své poslední dílo předběžně nazvané Musíš se stát manželem! Uvědomuji si, že podobný název měla komedie s Timem Brooke-Taylorem v hlavní roli, ale to byl propadák a myslím, že ihned zjistíš, že už ten chybějící vykřičník v původním názvu je dostačující rozdíl.
Neokoukaným námětem mé nové komedie je rodina mořských koníčků, druhu, o němž si podle mého kdekdo myslí, že březí jsou samečkové. Samozřejmě, že to není tak docela pravda, samička jenom ukládá jikry do vaku na bříšku samečka. Má na to malý orgán připomínající penis, tedy výbavu u rybích samiček vskutku neobvyklou. Tatík potom nosí malé koníčky ve vaku, dokud nejsou schopni sami vyplavat ven. Dovedeš si představit, jaké příležitosti nabízí scénář takové komedie s obrácenými rolemi! Pokud ti to nic neříká, mohu ti uvést pár příkladů. Koníčci při páření roztomile tančí a také vydávají luskavé zvuky. Ostatně kdyby bylo třeba zpestření, je možné zapojit i mořské jehly jako komparz. Tyto sestřenice koníčků i mimo dobu páření předvádějí řadové tance a při svatbě stojí vzpřímeně na ocase – prostě fantazie. A navíc mají až tisíc jiker, které nalepují pod ocásek samečka. Krom toho jsou jehly ještě barevnější a fotogeničtější než koníci.
Zdraví Tě
Gid

KRAKATICE OBROVSKÁ

VĚDECKÝ NÁZEV... Architeuthis dux

ZAŘAZENÍ... Kmen: Mollusca, Třída: Cephalopoda, Řád: Teuthida, Čeleď: Architeuthidae

ROZMĚRY... 5–20 m

ROZŠÍŘENÍ... světové oceány

POTRAVA... ryby, jiní hlavonožci

Na snímku vedle vypadá ten nešťastný hlavonožec s potrhaným tělem a zmrzačenými chapadly i rameny nevábně a těžkopádně. Těžko uvěřit, že je to jeden z nejnadanějších, nejrychlejších a nejdravějších mořských živočichů. Troufá si i na obrovské vorvaní býky, kteří se dovedou potopit až do hloubky dvou kilometrů. Tam zřejmě svádějí tyto dvě mořské obludy zápasy gigantů, o nichž svědčí rozměrné jizvy po přísavkách (až 60 cm v průměru) na tělech vorvaňů i kusy chapadel i trupů krakatic v jejich žaludcích. Podle těchto otisků se dá soudit, že statná krakatice dovede vorvaně obemknout a vozit se na něm jako na koni. Jinak však o životě hlavonohých kolosů nevíme nic. Předpokládáme, že jejich zásnuby se valně neliší od zvyků příbuzných olihní a sepií.

Desetinozí hlavonožci jsou vesměs odděleného pohlaví a jejich zásnuby jsou velmi malebné, protože dovedou bleskurychle měnit zbarvení pokožky. Zamilované sépie dávají najevo své city změnou zabarvení a zásnubním podmořským baletem. Jejich četná ramena jim poslouží k bouřlivému objetí, které nezřídka samečka sépie stojí život – středomořští rybáři už dávno odhalili sílu vášně u hlavonožců a využívají na laně upoutané samice jako návnadu pro samčí ženichy, na jednu nevěstu tak během večera nachytají několik desítek samců. Hlavonožci mají zpravidla velkou přídatnou žlázu u chámovodu, která vylučuje tuhnoucí obal – spermatofor. Samičky tedy dostávají samčí buňky v přepychovém balení – některé spermatofory vypadají trochu jako miny. Předává je pozměněné hektokotylové rameno, které se leckdy od těla samce odtrhne a pohybuje se samostatně. Pro samečka to nebývá nenahraditelná ztráta – jednak mají některé druhy hektokotylová ramena dvě, a kromě toho jim do příští sezóny ztracený úd doroste. Bohužel, ještě nikdy nikdo z lidí nebyl svědkem zásnub obrovských krakatic, a tak nevíme, zda se také pestří různými barvami jako sépie (známe je jen mrtvé nebo umírající, a to jsou buď fádně šedé, nebo cihlově červené) nebo zda předvádějí složité zásnubní tance. Jisté je jen to, že se v hloubi moří utěšeně množí a jejich potomstvo za nocí vyplouvá k hladině a děsí plavce na malých lodích svýma fosforeskujícíma očima.

VELRYBA ČERNÁ

VĚDECKÝ NÁZEV... Eubalaena glacialis
ZAŘAZENÍ... Kmen: Chordata, Třída: Mammalia, Řád: Cetadea, Čeleď: Balaenidae
ROZMĚRY... 12-13m, 40-80 tun
ROZŠÍŘENÍ... oceány severní polokoule
POTRAVA... kril, plankton, drobné ryby

I když se to nezdá, velcí kytovci, největší obři našeho světa, zachovávají při rozmnožování stejné postupy jako ostatní savci a používají obdobně rozmanité způsoby. Těžko se u nich pozná, kdo je holka a kdo kluk, výrazná pohlavní dvojtvárnost se objevuje zřídka a rozdíly ve velikosti jsou většinou zanedbatelné. U delfínů nejsou skoro žádné, jen u kosatek je samec mnohem větší a má ostrou hřbetní ploutev. Také vorvaní býk je mnohem mohutnější, ale na druhé straně samice plejtváků své partnery často o hodně přerůstají. Podle viditelných pohlavních orgánů to také nelze posoudit. Samci mají varlata v tělní dutině a úctyhodný penis (může při erekci dosáhnout délky až desetiny těla) je normálně diskrétně schován v kožní řase na břiše. Mléčné bradavky samic jsou také skryté, takže na hladkém těle kytovce nenajdete žádnou nápovědu, s kým máte tu čest.
Někteří kytovci žijí samotářsky nebo v typicky pánských a mateřských skupinách, jiní, hlavně kosticovci, tvoří pevné rodiny a samci mívají malé harémy. Samotáři nezřídka podnikají dlouhé pouti do teplých vod, kde slaví honosné svatby provázené zvučnými zpěvy a mohutným cákáním, rodinné typy se většinou páří poklidně.
Velryba černá, jejíž intimní snímek přinášíme, se páří v teplých vodách s hojným třením, mazlením, hlazením ploutvemi a vyskakováním z vody. Při páření většinou zvířata leží ve vodě rovnoběžně, někdy se lehce kříží. Zato u plejtváků keporkaků pozorujeme těsné objetí dlouhými ploutvemi, ve vodě stojí kolmo a vystrkují hlavy vysoko nad hladinu. Vlastní akt však trvá jen velmi krátce, sotva půl minuty. Zato se často opakuje. Samci se ovšem neomezují, vyhledávají více partnerek – musí si trochu užít, protože samice mívají mladé jednou za dva až pět let a mezi tím s nimi mnoho zábavy není.
Pokud jde o relativní velikost kopulačního orgánu, zaostávají tito savčí obři daleko za některými bezobratlými (např. vilejši), ale jinak svými třemi metry absolutně vedou. Mají ostatně i kostěnou výztuhu, podobně jako třeba medvědi nebo jiné šelmy. A velrybí os penis přesahuje výšku zdatného basketbalisty.

ŠIDÉLKO PÁSKOVANÉ

VĚDECKÝ NÁZEV... Coenagrion puella
ZAŘAZENÍ... Kmen: Arthropoda, Třída: Insecta, Řád: Odonata, Čeleď: Agrionidae
ROZMĚRY... 2-3 cm
ROZŠÍŘENÍ... Evropa, západní Asie
POTRAVA... drobný hmyz

Narazíte-li na přesvědčené gatesheadské kreacionisty, kteří ve vás vzbudí dojem, že dinosauři vymřeli minulý týden, můžete potřít jejich argumenty o smysluplném utváření veškerenstva pouhým poukazem na námluvy vážek.

Pokud by někdo krkolomný způsob kopulace vážek cílevědomě navrhl, pak to muselo být kolegium imbecilů. Něco tak nešikovného a riskantního se dá zdůvodnit jen úžasnou starobylostí této skupiny, která poletovala po světě dřív, než živočichové objevili rozumnější způsoby množení, tedy již v prvohorách.

Množení vážek patří opravdu k unikátům ve hmyzí říši. Když vidíte křehounké barevné čárečky na neviditelných křídlech viset ve vzduchu nad rákosím nebo obdivuhodně manévrovat nad hladinou, neřekli byste to do nich. Sameček má totiž něco jako dvojí penis. Ten pravý, docela malý, je na devátém článku zadečku, z něhož vytéká sperma. Ovšem vlastní kopulační ústrojí je na druhém břišním článku, kde se nachází pohlavní jamka s druhým, silně sklerotizovaným penisem, jakousi zprohýbanou trubičkou. U něj je zásobárna na sperma, receptaculum seminis. Sameček musí prohnout zadeček tak, aby z devátého článku naplnil zásobárničku na druhém – a pak se teprve může pustit do honičky za samičkou. Když ji uchopí silnými klíšťkami na konci zadečku za krk nebo za hlavu, tiskne ji tak dlouho, až poslušně prohne zadeček a jeho konec přitiskne k druhému článku zadečku samce. Teprve pak se uplatní složitý druhotný penis a dojde ke spáření.

Jak vidíte, kopulace vážek, šídel a šidélek je perfektní akrobatický výkon, zvlášť když uvážíte, že celé jejich zdánlivě křehké tělo je pokryto pevným chitinovým pancířem. Představte si, že byste měli, oděni v brnění, vytvořit takový magický kruh a setrvat v něm nejméně půl hodiny. A to ještě nemusíte létat!

ZEJ OBROVSKÝ

VĚDECKÝ NÁZEV... Aplysia depilans
ZAŘAZENÍ... Kmen: Mollusca, Třída: Gastropoda, Řád: Anaspidea, Čeleď: Aplysiidae
ROZMĚRY... do 30 cm
ROZŠÍŘENÍ... severovýchodní Atlatik, Středozemní moře
POTRAVA... řasy

Je záhadou, jak tito měkkýši mohli získat své lidové jméno „mořský zajíc". Můžete je obhlížet ze všech stran jak dlouho chcete, ale určitě vám ze žádného úhlu nebudou připadat jako podmořští zajíci. I kdybyste jim přidělali chomáček vaty na zadek a na rozšířený druhý pár tykadel, který má údajně připomínat ouška, přilepili notné plácačky, stejně budou vypadat jako velcí mořští plži, protože nic jiného nejsou.
Hodlám navrhnout pro tohoto měkkýše místo nezajímavého zeje či nepadnoucího zajíce jiné jméno: sexy konga plž. Kdo totiž bude pozorovat tyto plže v pravou chvíli, pobaví se víc než při sledování kteréhokoli jiného živočicha. Jak asi víte, plži jsou většinou obojetníci (hermafroditi) a zejové této své vlastnosti plně využívají při vytváření pářicích řetězců. V čele řady je vždy jedinec hrající samici, poslední plž se chová jako samec a všichni uprostřed uplatňují obě svoje schopnosti. Nakonec jsou všichni propojeni a jako dlouhý had se šourají po dně, což patrně velmi dopaluje ostatní obyvatele moře. Jednak na ně žárlí, že si tak užívají a jednak jim musí přijít líto, že taková spousta pářením zaujaté kořisti se nedá zkonzumovat. Vypouštějí totiž červenou páchnoucí tekutinu, a někteří jsou dokonce silně jedovatí.
Pokud cítíte nutkavou potřebu označit mořského zajíce lépe padnoucím jménem, proč byste nenapsali na adresu:

The International Code of Zoological nomenclature
c/o Natural History Museum
Cromwell Road
London

RYPOHLAVEC DVOUHLAVÝ

VĚDECKÝ NÁZEV... Bonellia viridis
ZAŘAZENÍ... Kmen: Echiura, Čeleď: Bonelliidae
ROZMĚRY... samice 15 cm + až 1 m chobot, samec 1-2 mm.
ROZŠÍŘENÍ... Severní Atlantik, Středozemní a Rudé moře
POTRAVA... organické zbytky, plankton

Samečkové hlubokomořských ďasů, rozedranců a tykadlovek nedrží světový rekord v neužitečnosti jen proto, že je předčí politováníhodní samečkové rypohlavce. Když se rypohlavec vylíhne z vajíčka, musí okamžitě čelit vážnému rozhodnutí. Pokud se mu podaří najít kousek mořského dna, kde ještě žádná samička jeho druhu nežije, může se tu usadit a stát se samičkou. Pokud má větší ambice, může plavat dál, dokud neucítí lákání nejbližší samičky. Ta nevypadá nijak půvabně, je to bradavičnatý zelený vak o velikosti několika pingpongových míčků (nejvýše 15 cm dlouhý), s otřesně velikým, až na dva metry vytažitelným rozeklaným chobotem na hlavovém konci. Přistane-li larva na tomto rypáku (abychom respektovali zoologické názvosloví), změní se v samečka. To znamená, že už dále neporoste, do smrti bude měřit jen několik milimetrů. Po několika dnech se vydá po chobotu k hlavě své partnerky a pak do zvlášť připravené komůrky v děloze samičky rypohlavce. Tato dutinka se nazývá androecium a v ní stráví sameček zbytek života. Samička může mít v těle tucty trpasličích manželů, kteří příležitostně vyvrhují z ústního otvoru obrovské porce spermatu, aniž by si dělali starosti s čímkoli dalším.

Pokud se cítíte osamělá, můžete napodobit zkušenost rypohlavce dvouhlavého. Zkuste si přilepit na nos několik rosolovitých dětiček, a pokud se někdo nad vaším počínáním pozastaví, sdělte mu se šťastným úsměvem: „To jsou mí budoucí manželé!“ Nejen že vás to dovede k hlubšímu pochopení přírodních procesů, ale také poznáte, kdo jsou vaši opravdoví přátelé.

ALBATROS STĚHOVAVÝ

VĚDECKÝ NÁZEV... Diomedea exulans
ZAŘAZENÍ... Kmen: Chordata, Třída: Aves, Řád: Procellariiformes, Čeleď: Diomedeidae
ROZMĚRY... rozpětí až 4 m, 8-12 kg
ROZŠÍŘENÍ... oceány jižní polokoule
POTRAVA... hlavonožci, ryby

Přírodovědci s oblibou říkají takové věci jako... „A nyní můžeme diskutovat o nejpodivnější a nejpřekvapivější strategii rozmnožování v celé živočišné říši... (významná pomlka)... o monogamii!" A posadí se s potměšilým úšklebkem, který naznačuje: Aha, čekali jste, že budu vykládat o felaci nebo něčem takovém. Co na to teď řeknete?
Je to sice překvapivé, ale je pravda, že monogamie je v přírodě jev velice vzácný. A pokud už někteří živočichové, například ptáci, žijí v párech, nevěra a střídaní partnerů je na denním pořádku. A tak vám jako odměnu za to, že jste trpělivě snášeli kuriózní informace o zvláštnostech nosatčích penisů, drsných metodách oplození, incestech a kanibalismu, nabízím nyní albatrosy. Jakmile se pár jednou setká, zůstává si věrný po celý život – a ten trvá desítky let. Oba rodiče svědomitě pečují o po své jediné vejce, zahřívají je plných 11 týdnů a vylíhlé mládě pak krmí deset měsíců, dokud není vzletné. A nejdůležitější na tom je, že pří vší té dřině a trvalé věrnosti nepodnikají nic sexuálně zvlášť vzrušujícího: spokojí se s kratičkým přitištěním svých kloak k sobě. Nadělají ovšem kolem toho spoustu rámusu a klapotu zobáky o sebe, přesto však nevypadají o mnoho důstojněji než obyčejné husy. Ten pravý majestát je patrný pouze při plachtění, kdy se samozřejmě nemohou zabývat něčím přízemním, a to doslova – páření a péče o vejce jsou to jediné, co přiměje albatrosa, aby se pozdržel chvíli na souši.

Co víc lze říci o albatrosech!

DODATEK

Přibližná délka penisů	
Velryba	300 cm
Slon	150 cm
Žirafa	90 cm
Kachnice malá	40 cm
Prase	37,5 cm
Slimáček banánový	22,5 cm
Člověk	15 cm
Gorila	5 cm

Které části zvířecích těl se používají jako afrodiziaka
Jelení parohy v lýčí
Polévka z tygřího penisu
Roh nosorožce
Opičí kůže
Vorvanina
Medvědí žluč

Počet kmitů za sekundu při páření primátů

Kalimiko (tamarín skákavý)	20-40
Mirikina	3-4
Komba velká	5-6
Magot	1-170
Pavián anubi	6
Šimpanz	3-30

Trvání kopulace u některého hmyzu

Vážky	24 min.
Srpice	65 min.
Ruměnice	50 hod.
Voskovky	11 dní
Pakobylky	2 měsíce

Pohlavní dvojtvárnost

Rypohlavec dvouhlavý	Samice 200 000x větší než samec
Argonauti	Samice 40 000x větší než samec
Hlubokomořští ďasi	Samice 20x větší než samec
Medvěd brýlatý	Samec 2,5x větší než samice
Orangutan	Samec 2x větší než samice
Levhart	Samec 1,5x větší než samice

ZOOLOGICKÝ SYSTÉM

V záhlaví každého článku najdete soubor údajů týkající se zařazení určitého zvířete do soustavy živočišné říše. Každý živočich má své přesné místo v nejvyšší jednotce, tedy kmenu (Phyllum) a v nižších kategoriích – třídě (Classis), řádu (Ordo) a v čeledi (Familia). Podle nového systému je těch kmenů 36, ovšem čtyři jsou velmi jednoduché, některé i mikroskopické, a mnohé další mají jen málo zástupců a v této knížce nejsou zařazeni. Proto se zmíníme jen o těch, které známe z těchto stránek.

KMEN:	Počet známých druhů	Zde uveden
Ploštěnci (Plathelminthes)	18 000	1
Hlístice (Nematoda)	20 000	1
Rypohlavci (Echiura)	135	1
Členovci (Arthropoda)	1 500 000	16
Měkkýši (Mollusca)	130 000	5
Ostnokožci (Echinodermata)	7 000	1
Strunatci (Chordata)	50 000	35

Jak vidíte, ze všech živočišných kmenů jsou zde nejpočetněji zastoupeni naši příbuzní, strunatci – jsou největších rozměrů, pro nás nejdůležitější a nejlépe jim rozumíme. Jejich dělení je nám povědomé, hlavní třídy strunatců každý dobře zná. Jsou to tyto třídy podkmene obratlovců (Vertebrata):

TŘÍDA	Počet druhů	Zde
Paprskoploutví Actinopterygia)	28 540	5
Obojživelníci (Amphibia)	4 800	1
Plazi (Reptilia)	11 000	4
Ptáci (Aves)	9 650	8
Savci (Mammalia)	4 500	17

Poděkování

Z velké většiny je vše vina Marka Rushera, ale Helen Garnons-Williams, Kelly Falconer a Claire Paterson také nejsou zcela bez viny. Chtěl bych také poděkovat své mámě Brigid, Robovi Adeymu, Chloe Brownové, Samovi Brownovi a Richovi Murkinovi. Někteří z těchto lidí opravdu pomohli. Někteří jen říkali věci jako „Pane bože, že pořád nepíšeš tu hloupou knížku o sexu zvířat, že ne?“ Ale stejně díky.

Zvláštní zmínka patří Marku Skarschewskimu za jeho pomoc s fotografiemi.

Dík za fotografii kachnice malé patří Kevinu G. McCrackenovi, „McCracken, K. G., R. E. Wilson, P. J. McCracken a K. P. Johnson, 2001: Are ducks impressed by drakes „display“. Nature, 413:128“

Fotografie argonauta pelagického © Rudie Kuiter (oceanwideimages.com)

Fotografie rypohlavce dvouhlavého z www.uwphoto.no, © Rudolf Svenson

Přástevník zdobený © Thomas Eisner, Corneil University

Stopkoočka Dalmannova © Minden Pictures

Nosatec dlouhan skvrnitý © Andrew Syred, Sheffield University / Science Photo Library

A dlužím dík současným vědcům, kteří napsali knihy a články, které jsem svévolně dezinterpretoval. Prosím, nepište mi, abyste upozorňovali na chyby.